# 단계별로 쉽게 익히는 3 STEP 일본어

한선희 · 이이호시 카즈야 · 오가와 야스코 공저

**1**

다락원

# 머리말

세상은 하루가 다르게 변화하고 있습니다. 소통의 형태도 다양해져서 카카오톡이나 유튜브, 트위터, 인스타그램, 페이스북(메타로 변경) 등을 통해 각기 다른 정체성으로 소통하고 있습니다. 그러나 변하지 않는 것은 외국어 학습입니다. 기계를 통하여 내용은 전달할 수 있지만, 사람의 감정과 섬세한 마음은 외국어의 구사로만 전달할 수 있습니다. 일본어를 습득해야 일본의 문화 및 언어에 담긴 정서를 알 수 있고 일본인에 대해서 이해할 수 있습니다.

이 책은 『단계별로 쉽게 익히는 3 STEP 일본어 1』의 개정판입니다. 변하는 시대에 맞추어 내용을 일부 수정하고 삽화도 수정하였습니다. 3권의 시리즈로 되어 있고, 각각 한 권이 10과로 구성되어 있습니다. 한 권의 양이 기존의 교재보다 적어 단기간에 만족감과 성취감을 맛볼 수 있도록 한 것이 특징입니다.

이 책의 구성은 '미리 보기'와 '문형 꽉 잡기'에서 학습 내용을 미리 제시하고, 제시된 문형을 본문에서 실제 회화에 응용하였으며 '문형 쏙 정리하기'에서는 문형 설명과 다양한 예문을 제시해서 이해하기 쉽도록 하였습니다. 본문 학습 후 '문형 연습하기', '회화 연습하기', '듣기 연습하기', '독해 연습하기'를 통하여 배운 사항을 반복하고 확인하면서 쓰기, 말하기, 듣기, 읽기 활동이 단계적으로 이루어지도록 구성하였습니다. 또한 실제 생활에서 쓸 수 있는 어휘를 골고루 사용하여 학습 후 문형을 실제로 적용할 수 있도록 하였습니다. 본문에서 다룬 회화 장면은 대학생, 회사원 모두 접할 수 있는 내용으로 일상생활에서 자연스럽게 응용하도록 하였습니다.

아무쪼록 이 교재를 바탕으로 끊임없이 반복 또 반복하여 자연스러운 일본어를 습득하시기 바랍니다. 또 중요한 것은 재미있게 공부하는 것입니다. 재미있고 즐겁게 공부하여 목표를 향해 나아가시길 바랍니다.

저자 일동

# 이 책의 구성과 특징

이 책은 『3 STEP 일본어 시리즈』 1단계로 일본어를 처음 공부하는 학습자를 위해 선생님과 함께 공부할 수 있도록 만들어진 강의용 교재입니다. 각 과는 미리 보기, 문형 꽉 잡기, 회화로 또 확인하기, 문형 쏙 정리하기, 문형 연습하기, 회화 연습하기, 듣기 연습하기, 독해 연습하기, 함께 읽어보는 일본의 문화로 구성되어 있습니다.

**\* 미리 보기**

각 과에서 학습하는 중요 문형을 확인합니다.

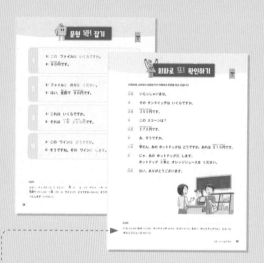

**\* 문형 쏙 정리하기**

회화에 나오는 주요 문형과 문법을 간단한
설명과 다양한 예문을 통해 익힙니다.

**\* 문형 꽉 잡기**

각 과의 학습 문형을 대화문으로 확인합니다.

**\* 회화로 또 확인하기**

자연스러운 회화를 통해 주요 문형을 익힙니다.

**새 단어** 각 코너에 새로 나오는 단어를 정리했습니다.

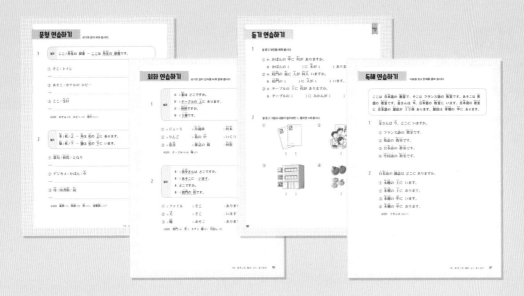

**\* 문형/회화/듣기/독해 연습하기**

언어의 4기능에 맞춰 주요 문형과 문법을 균형있게
연습할 수 있습니다.

**\* 함께 읽어보는 일본의 문화**

흥미로운 일본 문화를 소개합니다.

**\* 부록**

연습문제 정답과 스크립트를 실었습니다.

**\* 별책 부록**

**가나 쓰기장**

일본어의 기초가 되는 히라가나와
가타카나를 직접 써 보며 익힐 수 있는
가나 쓰기장을 실었습니다.

**\*무료 MP3**

**스마트폰 이용**

표지와 표지 안쪽 또는 우측의 QR코드를
스마트폰으로 찍으면 다락원 모바일 홈페이지로
이동해 음성을 듣거나 MP3 파일을 다운로드 받을
수 있습니다.

**PC 이용**

다락원 홈페이지에서 회원가입 후 MP3 파일을 다운로드
받을 수 있습니다.

# 차례

# 등장인물

한국인

## 이유리 李由梨

(여 / 22세)

일본 대학교에서 유학생활 중이다.
김우진의 대학 후배이며, 고바야시의 친구.

## 김우진 金宇真

(남 / 28세)

일본에서 직장 생활을 하고 있다.
이유리의 선배. 야마모토와는 직장 입사 동기이다.

일본인

## 야마모토아키코 山本明子

(여 / 27세)

김우진의 직장 동료.

## 고바야시히로유키 小林広幸

(남 / 22세)

일본 대학교의 외국어학부에서
한국어를 전공하고 있다.
이유리의 대학 친구.

# 일본어 문자와 발음 ①

일본어 문자와 청음에 대해 배워 봅시다.

**① 일본어의 문자**

**② 일본어의 발음 ① – 청음**

# 일본어의 문자

일본어의 문자는 히라가나,
가타카나가 있고 여기에
한자를 같이 사용한다.

## 1 히라가나(ひらがな)

히라가나는 일본어의 음절문자이며 한자의 초서체를 변형시켜 만든 글자이다. 일반적으로 문장 안에서 조사, 조동사, 부사나 접속사 등은 히라가나로 적는다.

| 安 | 加 | 左 | 太 | 奈 | 波 | 末 | 也 | 良 | 和 | 无 |
|---|---|---|---|---|---|---|---|---|---|---|
| あ | か | さ | た | な | は | ま | や | ら | わ | ん |
| 以 | 幾 | 之 | 知 | 仁 | 比 | 美 |  | 利 |  |  |
| い | き | し | ち | に | ひ | み |  | り |  |  |
| 宇 | 久 | 寸 | 川 | 奴 | 不 | 武 | 由 | 留 |  |  |
| う | く | す | つ | ぬ | ふ | む | ゆ | る |  |  |
| 衣 | 計 | 世 | 天 | 祢 | 部 | 女 |  | 礼 |  |  |
| え | け | せ | て | ね | へ | め |  | れ |  |  |
| 於 | 己 | 曾 | 止 | 乃 | 保 | 毛 | 与 | 呂 | 遠 |  |
| お | こ | そ | と | の | ほ | も | よ | ろ | を |  |

## 2  가타카나(カタカナ)

가타카나는 히라가나와 같이 일본어의 음절 문자이다. 발음과 구성은 히라가나와 같다. 가타카나는 한자의 일부를 따온 것으로 외래어, 지명, 인명 등의 고유명사, 의성어, 의태어, 식품명, 학술 용어 등에 사용된다. 히라가나를 작게 표기하는 것은 「や, ゅ, ょ」와 촉음 「っ」뿐이지만, 가타카나에서는 이것 외에 일본어에 없는 음을 표기하기 위해서 「ア, イ, ウ, エ, オ」를 작게 「ァ, ィ, ゥ, ェ, ォ」로 쓴다. 예를 들면 ウィスキー(위스키), パーティー(파티), カフェ(카페) 등이다. 또한 외래어를 표기할 경우 원음에 가깝게 적기 위해 ヴィーナス(비너스)처럼 [v]음을 「ヴ」로 표기하기도 한다.

| 阿 | 加 | 散 | 多 | 奈 | 八 | 末 | 也 | 良 | 和 | 尔 |
|---|---|---|---|---|---|---|---|---|---|---|
| ア | カ | サ | タ | ナ | ハ | マ | ヤ | ラ | ワ | ン |
| 伊 | 機 | 之 | 千 | 仁 | 比 | 三 |  | 利 |  |  |
| イ | キ | シ | チ | ニ | ヒ | ミ |  | リ |  |  |
| 宇 | 久 | 須 | 川 | 奴 | 不 | 牟 | 由 | 流 |  |  |
| ウ | ク | ス | ツ | ヌ | フ | ム | ユ | ル |  |  |
| 江 | 介 | 世 | 天 | 祢 | 部 | 女 |  | 礼 |  |  |
| エ | ケ | セ | テ | ネ | ヘ | メ |  | レ |  |  |
| 於 | 己 | 曾 | 止 | 乃 | 保 | 毛 | 與 | 呂 | 乎 |  |
| オ | コ | ソ | ト | ノ | ホ | モ | ヨ | ロ | ヲ |  |

## 3  한자(漢字)

일본의 한자는 신자체라고 하는 약자를 사용하고 있으며, 읽는 법도 우리나라와는 달리 음독과 훈독 두 가지 방법으로 읽는다. 그리고 일본 한자 중에는 일본에서 만들어진 한자가 있는데 이것을 일본에서는 국자(国字)라고 한다. 현재 일본어에서는 일상생활에 필요한 2,136자의 한자를 정하여 상용한자로 사용하고 있다.

| 글씨체 | 예 | | | |
|---|---|---|---|---|
|  |  | 한국 한자 | 學 | 國 | 體 |
|  |  | 일본 한자 | 学 | 国 | 体 |

**음독·훈독**  예

人
음독 : じん·にん  　日本人(にほんじん) 일본인 　人形(にんぎょう) 인형
훈독 : ひと  　人(ひと) 사람

**일본 한자**  예
峠(とうげ) 고개, 畑(はたけ) 밭

## 4 오십음도(五十音図)

가나를 5자씩 10행으로 배열한 것을 오십음도라 하며 현재는 46개의 문자가 사용되고 있다. 단(段)은 같은 모음으로 배열되어 있으며, 각 단의 첫 글자를 따서 あ단, い단, う단, え단, お단 이라고 한다. 행(行)은 같은 자음으로 배열되어 있으며 각 행의 첫 글자를 따서 あ행, か행, さ행, た행, な행, は행, ま행, や행, ら행, わ행이라고 한다.

### 히라가나 오십음도

| | あ행 | か행 | さ행 | た행 | な행 | は행 | ま행 | や행 | ら행 | わ행 | |
|---|---|---|---|---|---|---|---|---|---|---|---|
| あ단 | あ a | か ka | さ sa | た ta | な na | は ha | ま ma | や ya | ら ra | わ wa | ん N |
| い단 | い i | き ki | し shi | ち chi | に ni | ひ hi | み mi | | り ri | | |
| う단 | う u | く ku | す su | つ tsu | ぬ nu | ふ fu | む mu | ゆ yu | る ru | | |
| え단 | え e | け ke | せ se | て te | ね ne | へ he | め me | | れ re | | |
| お단 | お o | こ ko | そ so | と to | の no | ほ ho | も mo | よ yo | ろ ro | を o | |

### 가타카나 오십음도

| | ア행 | カ행 | サ행 | タ행 | ナ행 | ハ행 | マ행 | ヤ행 | ラ행 | ワ행 | |
|---|---|---|---|---|---|---|---|---|---|---|---|
| ア단 | ア a | カ ka | サ sa | タ ta | ナ na | ハ ha | マ ma | ヤ ya | ラ ra | ワ wa | ン N |
| イ단 | イ i | キ ki | シ shi | チ chi | ニ ni | ヒ hi | ミ mi | | リ ri | | |
| ウ단 | ウ u | ク ku | ス su | ツ tsu | ヌ nu | フ fu | ム mu | ユ yu | ル ru | | |
| エ단 | エ e | ケ ke | セ se | テ te | ネ ne | ヘ he | メ me | | レ re | | |
| オ단 | オ o | コ ko | ソ so | ト to | ノ no | ホ ho | モ mo | ヨ yo | ロ ro | ヲ o | |

# 일본어 발음 ① – 청음

## 1 청음(清音)

탁음과 반탁음을 제외한 음을 청음이라 한다.

**모음** 일본어의 모음은 **あ·い·う·え·お** 5개이다.

### あ행

TRACK 01

| あ | い | う | え | お |
|---|---|---|---|---|
| [a] | [i] | [u] | [e] | [o] |
| ア | イ | ウ | エ | オ |
| あい | いえ | うえ | え | あおい |
| 사랑 | 집 | 위 | 그림 | 파랗다 |

모음 **あ, い, う, え, お**는 우리말의 [아, 이, 우, 에, 오]와 비슷하나, **う**는 [으]와 [우]의 중간 발음으로 [우]보다는 [으]에 가깝게 발음한다.

**あ** : 우리말 [아]와 거의 같다. 약간 입을 크게 해서 발음한다.
**い** : 우리말 [이]와 거의 같다. 조금 짧게 발음한다.
**う** : 우리말 [우]와 [으]의 중간음. 입술을 앞으로 많이 내밀지 않는다.
**え** : 우리말 [에]와 거의 같다. [애]보다는 조금 입을 작게 해서 발음한다.
**お** : 우리말 [오]와 거의 같지만, [오]보다 입을 내밀지 않고 발음한다.

일본어 음운은 모음만으로 되어있거나 자음+모음이 합쳐져 있다. 자음에는 청음, 탁음, 반탁음이 있다.

## か행

TRACK 02

| か | き | く | け | こ |
|---|---|---|---|---|
| [ka] | [ki] | [ku] | [ke] | [ko] |
| カ | キ | ク | ケ | コ |

| かお | き | きく | いけ | ここ |
|---|---|---|---|---|
| 얼굴 | 나무 | 국화 | 연못 | 여기 |

어두에서는 격음(ㅋ)과 평음(ㄱ)의 중간 정도로, 어중·어미에서는 [ㄲ]과 같은 느낌으로 발음한다.

## さ행

TRACK 03

| さ | し | す | せ | そ |
|---|---|---|---|---|
| [sa] | [shi] | [su] | [se] | [so] |
| サ | シ | ス | セ | ソ |

| かさ | しか | すいか | せき | そこ |
|---|---|---|---|---|
| 우산 | 사슴 | 수박 | 자리 | 바닥 |

우리말 [ㅅ]에 가까운 음이다. し는 [shi]로 발음하며, す는 [스]와 비슷하다.

## た행

TRACK 04

| た | ち | つ | て | と |
|---|---|---|---|---|
| [ta] | [chi] | [tsu] | [te] | [to] |
| タ | チ | ツ | テ | ト |
| うた | ちち | つくえ | て | とけい |
| 노래 | 아빠, 아버지 | 책상 | 손 | 시계 |

た·て·と는 어두에서는 격음(ㅌ)과 평음(ㄷ)의 중간 정도 음이다. 어중·어미에서는 [ㄸ]과 같은 느낌으로 발음한다. ち는 [치]에 가깝다. つ는 [ㅉ]와 [ㅊ]의 중간음으로 발음한다. 혀끝을 앞니 뒷부분에 부딪쳐서 발음한다. ち는 [chi]로, つ는 [tsu]로 발음한다.

## な행

TRACK 05

| な | に | ぬ | ね | の |
|---|---|---|---|---|
| [na] | [ni] | [nu] | [ne] | [no] |
| ナ | ニ | ヌ | ネ | ノ |
| さかな | にく | いぬ | ねこ | のう |
| 생선 | 고기 | 개 | 고양이 | 뇌 |

우리말 [ㄴ]과 거의 같다.

## は행

| は | ひ | ふ | へ | ほ |
|---|---|---|---|---|
| [ha] | [hi] | [fu] | [he] | [ho] |
| ハ | ヒ | フ | ヘ | ホ |
| はな | ひと | ふね | へそ | ほし |
| 꽃 | 사람 | 배 | 배꼽 | 별 |

우리말 [ㅎ]과 거의 같다.

## ま행

| ま | み | む | め | も |
|---|---|---|---|---|
| [ma] | [mi] | [mu] | [me] | [mo] |
| マ | ミ | ム | メ | モ |
| くま | みみ | むし | め | もも |
| 곰 | 귀 | 벌레 | 눈 | 복숭아 |

우리말 [ㅁ]과 거의 같다.

| や [ya] ヤ | | ゆ [yu] ユ | | よ [yo] ヨ |
|---|---|---|---|---|
| やま 산 | | ゆき 눈 | | ひよこ 병아리 |

우리말 [야, 유, 요]와 거의 같다. ゆ는 입술을 앞으로 너무 내밀지 않는다.

| ら [ra] ラ | り [ri] リ | る [ru] ル | れ [re] レ | ろ [ro] ロ |
|---|---|---|---|---|
| さくら 벚꽃 | りす 다람쥐 | くるま 자동차 | はれ 맑음 | ろく 육, 여섯 |

우리말 [리]과 거의 같다.

TRACK 10

| わ [wa] ワ | | | | を [o] ヲ |
|---|---|---|---|---|
| わに 악어 | | | | くすりをのむ 약을 먹다 |

わ : 우리말 [와]와 거의 같다.

を : あ행의 [お]와 같은 발음이다. 목적격 조사로만 사용된다.

TRACK 11

| ん [N] ン | | | | |
|---|---|---|---|---|
| ほん 책 | | | | |

우리말의 [ㄴ, ㅁ, ㅇ]에 해당하는 발음이다. 일본어에서는 [ㄴ, ㅁ, ㅇ]은 발음을 엄밀하게 구별하지 않으며, 의미상으로도 차이가 없다.

**1**  혼동하기 쉬운 히라가나입니다. 들으면서 따라 읽어 봅시다.

TRACK 12

① あ　お　　　② い　り

③ め　ぬ　　　④ し　も

⑤ き　さ　　　⑥ は　ほ

⑦ わ　ね　　　⑧ う　つ

⑨ え　ふ　　　⑩ れ　わ

⑪ る　ろ　　　⑫ な　た

**2**  혼동하기 쉬운 가타카나입니다. 들으면서 따라 읽어 봅시다.

TRACK 13

① ア　マ　　　② フ　ス

③ ウ　ク　　　④ ヤ　マ

⑤ エ　テ　　　⑥ ン　ソ

⑦ ワ　ク　　　⑧ ユ　ヨ

⑨ ツ　シ　　　⑩ チ　テ

⑪ ナ　オ　　　⑫ ル　リ

**3** 사진을 보면서 올바른 이름으로 고쳐 봅시다.

보기     はん → <u>ほん</u>

① わこ

➡ _____

② くろま

➡ _____

③ いめ

➡ _____

④ おいか

➡ _____

⑤

かき

➡ _____

**4** 사진을 보면서 올바른 이름으로 고쳐 봅시다.

보기 　　　　　　　　　　　　　オテル ➡ <u>ホテル</u>

①

レモソ

➡ _____

②

シルク

➡ _____

③

トアト

➡ _____

④

チスト

➡ _____

⑤

ナロン

➡ _____

**5** 같은 음의 문자끼리 연결해 봅시다.

① そ　•　　　　•　フ

② ふ　•　　　　•　ワ

③ ん　•　　　　•　ミ

④ わ　•　　　　•　ン

⑤ み　•　　　　•　ソ

⑥ つ　•　　　　•　ツ


**6** 히라가나는 가타카나로, 가타카나는 히라가나로 바꿔 써봅시다.

① てにす　➡　_____

② わいん　➡　_____

③ ほてる　➡　_____

④ ツクエ　➡　_____

⑤ ヒヨコ　➡　_____

⑥ サクラ　➡　_____

# 일본어 문자와 발음 ②

탁음, 반탁음, 요음, 촉음, 발음, 장음에 대해 배워 봅시다.

**❶** 일본어의 발음 **❷** – 탁음, 반탁음, 요음, 촉음, 발음, 장음

# 일본어 발음 ❷ – 탁음, 반탁음, 요음 촉음, 발음, 장음

## 1 탁음(濁音)

탁음 부호 「ﾞ」가 붙은 글자를 탁음이라고 한다. 「ﾞ」은 글자 오른쪽 위에 붙이는데, **か**행 · **さ**행 · **た**행 · **は**행 글자가 탁음이 된다.

### が행 [g]

TRACK 14

| が | ぎ | ぐ | げ | ご |
|---|---|---|---|---|
| [ga] | [gi] | [gu] | [ge] | [go] |
| ガ | ギ | グ | ゲ | ゴ |
| がいこく<br>외국 | かぎ<br>열쇠 | かぐ<br>가구 | げんき<br>건강 | ごご<br>오후 |

유성 자음으로 우리말의 모음 뒤에 오는 [ㄱ]과 비슷한 음이다.

### ざ행 [z]

TRACK 15

| ざ | じ | ず | ぜ | ぞ |
|---|---|---|---|---|
| [za] | [ji] | [zu] | [ze] | [zo] |
| ザ | ジ | ズ | ゼ | ゾ |
| ざせき 좌석 | じかん 시간 | みず 물 | かぜ 감기, 바람 | ぞう 코끼리 |

[z] 발음과 비슷하나 「ざ·ず·ぜ·ぞ」는 [자·주·제·조]가 아니다. [ㅈ]보다 강한 느낌의 소리이며 혀끝을 사용해서 입 앞쪽에서 발음하도록 한다.

24

## だ행 [d]

TRACK 16

| だ | ち | づ | で | ど |
|---|---|---|---|---|
| [da] | [ji] | [zu] | [de] | [do] |
| ダ | ヂ | ヅ | デ | ド |
| だいがく 대학 | はなぢ 코피 | こづつみ 소포 | でんわ 전화 | こども 아이 |

「だ・で・ど」는 우리말 모음 뒤에 오는 [ㄷ]과 비슷하다. 「ぢ」와 「づ」의 발음은 「じ」, 「ず」와 같다.

## ば행 [b]

TRACK 17

| ば | び | ぶ | べ | ぼ |
|---|---|---|---|---|
| [ba] | [bi] | [bu] | [be] | [bo] |
| バ | ビ | ブ | ベ | ボ |
| ばら 장미 | はなび 불꽃놀이 | ぶた 돼지 | たべもの 음식 | ぼく 나, 저 |

우리말 모음 뒤에 오는 [ㅂ]과 거의 같다.

「゛」의 유무에 따라서 의미가 변합니다.

① が 나방 ――――――― か 모기

② かぎ 열쇠 ――――――― かき 감

③ ぎん 은 ――――――― きん 금

④ ごご 오후 ――――――― ここ 여기

⑤ ざる 소쿠리 ――――――― さる 원숭이

⑥ ばら 장미 ――――――― はら 배

⑦ ぶた 돼지 ――――――― ふた 뚜껑

⑧ まど 창문 ――――――― まと 과녁

⑨ ガラス 유리 ――――――― カラス 까마귀

⑩ ダイヤ 다이아몬드 ――――――― タイヤ 타이어

## 2 반탁음(半濁音)

반탁음 부호 「ﾟ」가 붙은 글자를 반탁음이라고 말한다. 「ﾟ」은 글자 오른쪽 위에 붙인다. は행 글자가 반탁음이 된다.

### ぱ행 [p]

○ TRACK 19

| ぱ | ぴ | ぷ | ぺ | ぽ |
|---|---|---|---|---|
| [pa] | [pi] | [pu] | [pe] | [po] |
| パ | ピ | プ | ペ | ポ |
| パン 빵 | ピアノ 피아노 | プリン 푸딩 | ペン 펜 | さんぽ 산책 |

어두에서는 우리말 [ㅍ]음에 가깝고, 어중·어미에서는 [ㅃ]음과 같은 느낌으로 발음한다.

## 3 요음(拗音)

○ TRACK 20

い를 제외한 い단 「き·ぎ·し·じ·ち·に·ひ·び·ぴ·み·り」에 작은 「や, ゆ, よ」(「ャ, ュ, ョ」)를 붙여 표기한다. 두 글자 지만 한 박자로 발음한다.

| きゃ | きゅ | きょ |
|---|---|---|
| [kya] | [kyu] | [kyo] |
| キャ | キュ | キョ |
| きゃく 손님 | やきゅう 야구 | きょねん 작년 |

| | | |
|---|---|---|
| ぎゃ<br>[gya]<br>ギャ | ぎゅ<br>[gyu]<br>ギュ | ぎょ<br>[gyo]<br>ギョ |
| ぎゃく 반대 | ぎゅうにく 소고기 | きんぎょ 금붕어 |
| しゃ<br>[sha]<br>シャ | しゅ<br>[shu]<br>シュ | しょ<br>[sho]<br>ショ |
| しゃしん 사진 | しゅみ 취미 | しょくじ 식사 |
| じゃ<br>[ja]<br>ジャ | じゅ<br>[ju]<br>ジュ | じょ<br>[jo]<br>ジョ |
| じゃがいも 감자 | しんじゅ 진주 | じょせい 여성 |
| ちゃ<br>[cha]<br>チャ | ちゅ<br>[chu]<br>チュ | ちょ<br>[cho]<br>チョ |
| おちゃ 차 | ちゅうい 주의 | ちょきん 저금 |

| にゃ | にゅ | によ |
|---|---|---|
| [nya] | [nyu] | [nyo] |
| ニャ | ニュ | ニョ |
| こんにゃく 곤약 | ニュース 뉴스 | にょろにょろ 꿈틀꿈틀 |

| ひゃ | ひゅ | ひょ |
|---|---|---|
| [hya] | [hyu] | [hyo] |
| ヒャ | ヒュ | ヒョ |
| ひゃく 백 | ヒューズ 퓨즈 | ひょうげん 표현 |

| びゃ | びゅ | びょ |
|---|---|---|
| [bya] | [byu] | [byo] |
| ビャ | ビュ | ビョ |
| さんびゃく 삼백 | インタビュー 인터뷰 | びょういん 병원 |

| ぴゃ | ぴゅ | ぴょ |
|---|---|---|
| [pya] | [pyu] | [pyo] |
| ピャ | ピュ | ピョ |
| ろっぴゃく 육백 | コンピューター 컴퓨터 | ねんぴょう 연표 |

| | | |
|---|---|---|
| みや<br>[mya]<br>ミヤ | みゆ<br>[myu]<br>ミユ | みよ<br>[myo]<br>ミヨ |
| さんみゃく 산맥 | ミュージカル 뮤지컬 | ミョンドン 명동〈지명〉 |

| | | |
|---|---|---|
| りゃ<br>[rya]<br>リャ | りゅ<br>[ryu]<br>リュ | りょ<br>[ryo]<br>リョ |
| しょうりゃく 생략 | りゅうがく 유학 | りょかん 여관 |

읽어 봅시다

TRACK 21

① いしゃ 의사 ———— いしや 석재 가게

② びょういん 병원 ———— びよういん 미장원

## 4 촉음(促音)

촉음은 「つ, ツ」를 작게 「っ, ッ」로 표기하는 음으로 우리말의 받침과 같은 역할을 한다. 뒤에 오는 음에 따라 [k, s, t, p]로 발음된다. 한 박자를 가지므로 너무 빨리 발음하지 않도록 한다.

**1** か행 앞에서 [k]로 발음

がっ<u>こ</u>う 학교　　　　にっ<u>き</u> 일기　　　　ネッ<u>ク</u>レス 목걸이

**2** さ행 앞에서 [s]로 발음

ざっ<u>し</u> 잡지　　　　けっ<u>せ</u>き 결석　　　　きっ<u>さ</u>てん 커피숍

**3** た행 앞에서 [t]로 발음

きっ<u>て</u> 우표　　　　サンドイッ<u>チ</u> 샌드위치

ヨッ<u>ト</u> 요트　　　　ロボッ<u>ト</u> 로봇

**4** ぱ행 앞에서 [p]로 발음

カッ<u>プ</u> 컵　　　　スリッ<u>パ</u> 슬리퍼

① かった 샀다　━━━━━●━━━━━　かた 어깨

② がっか 학과　●━━━━━━━━●　がか 화가

③ まっくら 암흑　━━━━━●━━━━━　まくら 베개

④ ねっこ 뿌리　●━━━━━━━━●　ねこ 고양이

⑤ おっと 남편　━━━━━●━━━━━　おと 소리

⑥ きって 우표　●━━━━━━━━●　きて 와

# 5 발음(撥音)

「ん, ン」은 발음(撥音)이라고 말하며, 「ん」으로 시작되는 단어는 없다. 우리말 받침 [ㄴ, ㅁ, ㅇ]과 비슷하다. 다음과 같이 뒤에 오는 음에 따라 발음이 달라진다.

**1** ば·ぱ·ま행 앞에서는 [m]으로 발음한다.

| | | |
|---|---|---|
| サンバ 삼바 | かんぱい 건배 | えんぴつ 연필 |
| てんぷら 튀김 | さんぽ 산책 | さんま 꽁치 |

**2** ざ·た·だ·な·ら행 앞에서는 [n]으로 발음한다.

| | | |
|---|---|---|
| かんじ 한자 | はんたい 반대 | インド 인도 |
| あんない 안내 | べんり 편리 | |

**3** か·が행 앞에서는 [ŋ]으로 발음한다.

| | | |
|---|---|---|
| ぶんか 문화 | てんき 날씨 | インク 잉크 |
| ピンク 핑크, 분홍색 | まんが 만화 | りんご 사과 |

**4** あ·さ·は·や·わ행 앞과 「ん」으로 끝날 경우 [N]으로 발음한다.

| | | |
|---|---|---|
| れんあい 연애 | けんさ 검사 | にほん 일본 |
| ほんや 책방, 서점 | でんわ 전화 | しけん 시험 |
| パン 빵 | レモン 레몬 | ワイン 와인 |

## 6 장음(長音)

○ TRACK 25

일반적으로 같은 모음이 겹칠 때 앞 글자를 두 배로 길게 발음하는 것을 말한다. 가타카나는 「ー」로 장음을 표기한다.

**1** あ단 뒤에 あ가 올 때 길게 발음한다.

**おかあさん** 어머니　　　**おばあさん** 할머니　　　**デパート** 백화점

**2** い단 뒤에 い가 올 때 길게 발음한다.

**おにいさん** 형, 오빠　　　**おじいさん** 할아버지

**レシート** 영수증　　　**タクシー** 택시

**3** う단 뒤에 う가 올 때 길게 발음한다.

**くうき** 공기　　　**すうじ** 숫자　　　**プール** 수영장

**4** え단 뒤에 え나 い가 올 때 길게 발음한다.

**おねえさん** 언니, 누나　　　**せんせい** 선생님　　　**えいご** 영어

**とけい** 시계　　　**きれい** 깨끗함　　　**ケーキ** 케이크

**5** お단 뒤에 お나 う가 올 때 길게 발음한다.

**おおさか** 오사카(지명)　　　**おおい** 많다　　　**とおい** 멀다

**おとうと** 남동생　　　**にちようび** 일요일　　　**きのう** 어제

**がっこう** 학교　　　**ぼうし** 모자　　　**べんきょう** 공부

**コーラ** 콜라　　　**ノート** 노트　　　**コーヒー** 커피

① おばあさん 할머니 ──────── おばさん 아줌마

② ハート 하트 ──────── はと 비둘기

③ おじいさん 할아버지 ──────── おじさん 아저씨

④ いいえ 아니요 ──────── いえ 집

⑤ スキー 스키 ──────── すき 좋아함

⑥ チーズ 치즈 ──────── ちず 지도

⑦ ビール 맥주 ──────── ビル 빌딩

34

# はじめまして

자기소개 표현을 배워 봅시다.

미리 보기

❶ 私は 小林です。

❷ いいえ、私は 会社員じゃ ありません。

❸ はい、留学生で、韓国人です。

❹ 小林さんは 学生ですか。

**1**

A: はじめまして。私<small>わたし</small>は 李由梨<small>イ ユ リ</small>です。

B: はじめまして。私<small>わたし</small>は 小林<small>こ ばやし</small>です。

**2**

A: 小林<small>こ ばやし</small>さんは 学生<small>がく せい</small>ですか。

B: はい、そうです。学生<small>がく せい</small>です。

**3**

A: 李由梨<small>イ ユ リ</small>さんは 会社員<small>かい しゃ いん</small>ですか。

B: いいえ、私<small>わたし</small>は 会社員<small>かい しゃ いん</small>じゃ ありません。

**4**

A: 李<small>イ</small>さんは 学生<small>がく せい</small>ですか。

B: はい、留学生<small>りゅう がく せい</small>で、韓国人<small>かん こく じん</small>です。

**새 단어**

はじめまして 처음 뵙겠습니다　私<small>わたし</small> 나, 저　〜は 〜은(는)　〜です 〜입니다　〜さん 〜씨　学生<small>がくせい</small> 학생　〜ですか 〜입니까?
はい 예, 네　そうです 그렇습니다　会社員<small>かいしゃいん</small> 회사원　いいえ 아니요　〜じゃありません 〜이(가) 아닙니다　留学生<small>りゅうがくせい</small> 유학생
〜で 〜이고, 〜이며　韓国人<small>かんこくじん</small> 한국인

이유리와 고바야시 히로유키가 처음 만났습니다.

李　　あの、こんにちは。小林さんですか。

小林　　はい。こんにちは。李さんですか。

李　　はい、李由梨です。はじめまして。よろしく　お願いします。

小林　　小林広幸です。こちらこそ　よろしく　お願いします。

李　　小林さんは　会社員ですか。

小林　　いいえ、私は　会社員じゃ　ありません。大学生です。

李　　そうですか。学部は？

小林　　外国語学部で、韓国語専攻です。

새단어

**あの** 저, 저어　**こんにちは** 안녕하세요〈점심 인사〉　**よろしく** 잘 (부탁합니다)　**お願いします** 부탁합니다
**こちらこそ** 이쪽이야말로, 저야말로　**大学生** 대학생　**そうですか** 그렇습니까?　**学部** 학부　**外国語学部** 외국어학부
**韓国語** 한국어　**専攻** 전공

## 1 ～さん ~씨

사람 이름 뒤에「～さん」을 붙여 경의를 표한다. 남녀노소 구분 없이 쓰며, 보통은 성에「～さん」을 붙여 사용한다. 격식을 차린 경우는「～さま(님)」라고 하고, 어린이나 친한 사람에게는「～ちゃん」이라고 하기도 한다.

<ruby>山田<rt>やまだ</rt></ruby>さんは <ruby>学生<rt>がくせい</rt></ruby>ですか。 야마다 씨는 학생입니까?

<ruby>朴<rt>パク</rt></ruby>さんは <ruby>会社員<rt>かいしゃいん</rt></ruby>です。 박 씨는 회사원입니다.

<ruby>小林<rt>こばやし</rt></ruby>さま、いらっしゃいますか。 고바야시 님 계십니까?

ユリちゃんは <ruby>小学生<rt>しょうがくせい</rt></ruby>です。 유리는 초등학생입니다.

**새 단어**

いらっしゃいますか
계십니까?
<ruby>小学生<rt>しょうがくせい</rt></ruby> 초등학생

## 2 はい / いいえ 예 / 아니요

질문에 대한 대답으로 긍정할 때는「はい」, 부정할 때는「いいえ」라고 말한다.「はい」는 이름을 불렀을 때 대답으로 사용하기도 하고 물건을 건네줄 때도 사용한다.

A : <ruby>山本<rt>やまもと</rt></ruby>さんは <ruby>学生<rt>がくせい</rt></ruby>ですか。 야마모토 씨는 학생입니까?

B : はい、<ruby>私<rt>わたし</rt></ruby>は <ruby>学生<rt>がくせい</rt></ruby>です。 예, 저는 학생입니다.

A : <ruby>田中<rt>たなか</rt></ruby>さんは <ruby>会社員<rt>かいしゃいん</rt></ruby>ですか。 다나카 씨는 회사원입니까?

B : いいえ、<ruby>田中<rt>たなか</rt></ruby>さんは <ruby>会社員<rt>かいしゃいん</rt></ruby>じゃ ありません。 아니요, 다나카 씨는 회사원이 아닙니다.

**∃** ## ～は ～です ～은(는) ~입니다

'~은(는) ~입니다'라는 뜻의 문형이다. 의문문을 만들 때는 「～です」에 「か」를 붙여 「～ですか」
가 되며 물음표는 붙이지 않는다. 이때 「～は」는 [wa]라고 발음한다.

私は 金宇真です。 나는 김우진입니다.

私は 会社員です。 나는 회사원입니다.

小林さんは 学生ですか。 고바야시 씨는 학생입니까?

リュウさんは 中国人ですか。 류 씨는 중국인입니까?

새 단어
中国人 중국인

---

**Ч** ## 私 나, 저

우리말 '나, 저'에 해당되는 1인칭 대명사이며, 남녀 구별 없이 쓰인다. 격식을 차릴 때는 「わたく
し」라고 하지만 자주 쓰이지 않는다.
2인칭 대명사는 「あなた」가 있으나, 손윗사람에게는 잘 사용하지 않고 손아랫사람에게나 친한 경
우에만 사용한다.

| 1인칭 | 2인칭 | 3인칭 | 부정칭 |
|---|---|---|---|
| 私 / 私 | あなた | 彼 / 彼女 | 誰 / どなた |
| 나, 저 | 당신 | 그 / 그녀 | 누구 / 어느 분 |

私は 学生です。 저는 학생입니다.

彼女は 田中さんです。 그녀는 다나카 씨입니다.

彼は 銀行員です。 그는 은행원입니다.

金さんは どなたですか。 김 씨는 어느 분입니까?

새 단어
銀行員 은행원

## 5 ～では（じゃ）ありません ~이(가) 아닙니다

「～です」를 부정할 때는 「～では ありません」이라 한다. 일상회화에서는 「～じゃ ありませ
ん」쪽을 더 많이 쓴다. 「～じゃ ないです」와 같은 표현이다.

田中さんは 学生では ありません。 다나카 씨는 학생이 아닙니다.

山本さんは 韓国人じゃ ありません。 야마모토 씨는 한국인이 아닙니다.

ジョンさんは 日本人じゃ ありません。 존 씨는 일본인이 아닙니다.

새 단어
日本人 일본인

朴さんは 銀行員じゃ ないです。 박 씨는 은행원이 아닙니다.


## 6 ～で ~이고, ~이며

주로 「～は ～で、～です(~은 ~이고, ~입니다)」라는 문형으로 쓰이며, 「～は」에 대한 설명을
나타낸다.

私は 韓国人で、学生です。 저는 한국인이고 학생입니다.

小林さんは 日本人で、会社員です。 고바야시 씨는 일본인이고, 회사원입니다.

ジョンさんは アメリカ人で、英語教師です。
존 씨는 미국인이고, 영어 교사입니다.

クリスさんは イギリス人で、銀行員です。
크리스 씨는 영국인이고, 은행원입니다.

새 단어
アメリカ人 미국인
英語教師 영어 교사
イギリス人 영국인

# 문형 연습하기

보기와 같이 바꿔 봅시다.

**1**

> 보기　私 / 学生 → 私は 学生です。

① 田中さん / 会社員

➡ _____

② 金さん / 韓国人

➡ _____

③ 渡辺さん / 日本人

➡ _____

**2**

> 보기　李さん / 学生 → A: 李さんは 学生ですか。
> 　　　　　　　　　　　B: はい、学生です。

① 田中さん / 会社員

➡ _____

② 山田さん / 医者

➡ _____

③ 崔さん / 韓国人

➡ _____

새 단어　**医者** 의사

**3**

보기

金<sup>キム</sup>さん / 日本人<sup>にほんじん</sup> / 韓国人<sup>かんこくじん</sup>

➡ A: 金<sup>キム</sup>さんは 日本人<sup>にほんじん</sup>ですか。

B: いいえ、金<sup>キム</sup>さんは 日本人<sup>にほんじん</sup>じゃ ありません。
韓国人<sup>かんこくじん</sup>です。

① 林<sup>はやし</sup>さん / 先生<sup>せんせい</sup> / 会社員<sup>かいしゃいん</sup>

➡ _____

② 朴<sup>パク</sup>さん / 大学生<sup>だいがくせい</sup> / 高校生<sup>こうこうせい</sup>

➡ _____

③ リュウさん / 日本人<sup>にほんじん</sup> / 中国人<sup>ちゅうごくじん</sup>

➡ _____

새 단어 　先生<sup>せんせい</sup> 선생님　　高校生<sup>こうこうせい</sup> 고등학생

---

**4**

보기

田中<sup>たなか</sup>さん / 日本人<sup>にほんじん</sup> / 会社員<sup>かいしゃいん</sup>

➡ 田中<sup>たなか</sup>さんは 日本人<sup>にほんじん</sup>で 会社員<sup>かいしゃいん</sup>です。

① 山田<sup>やまだ</sup>さん / 日本人<sup>にほんじん</sup> / 銀行員<sup>ぎんこういん</sup>

➡ _____

② マイケルさん / アメリカ人<sup>じん</sup> / 英語教師<sup>えいごきょうし</sup>

➡ _____

③ クリスさん / イギリス人<sup>じん</sup> / 主婦<sup>しゅふ</sup>

➡ _____

새 단어 　主婦<sup>しゅふ</sup> 주부

# 회화 연습하기

보기와 같이 단어를 바꿔 말해 봅시다.

**1**　보기

A: はじめまして。a 田中です。よろしく　お願いします。

B: はじめまして。b 金です。
　　こちらこそ　よろしく　お願いします。

A: c 金さんは　d 学生ですか。

B: はい、私は　d 学生です。

① a 山田　　　　b 宋　　　　　c 宋さん　　　　d 韓国人

② a 崔　　　　　b 渡辺　　　　c 渡辺さん　　　d 会社員

③ a 鈴木　　　　b ジョン　　　c ジョンさん　　d 留学生

**2**　보기

A: a 金さんは　b 中国人ですか。

B: いいえ、b 中国人じゃ　ありません。

A: c 韓国人ですか。

B: はい、a 金さんは　c 韓国人で　d 留学生です。

① a 林さん　　　　b 韓国人　　　c 日本人　　　d 銀行員

② a 宋さん　　　　b 会社員　　　c 大学生　　　d ２年生

③ a クリスさん　　b イギリス人　c アメリカ人　d 英語教師

새단어　**２年生** 이학년

# 듣기 연습하기

**1**  잘 듣고 빈칸을 채워 봅시다.

① (　　　　　　　　　)。私は 山田ももこです。

　（　　　　　　）お願<ねが>いします。

② A : 林<はやし>さんは （　　　　　） ですか。

　B : いいえ、私<わたし>は （　　　　　） じゃ ありません。（　　　　　） です。

③ A : マイケルさんは （　　　　　） ですか。

　B : いいえ、マイケルさんは （　　　　　　）。（　　　　　） です。

④ A : 宋<ソン>さんは （　　　　　） ですか。

　B : はい、宋<ソン>さんは （　　　　　） で、（　　　　　） です。

**2**  잘 듣고 그림과 내용이 일치하면 〇, 틀리면 ×해 봅시다.

①　　　　　　　　　　　　　　②

田中<た なか>さん　　　　　　　　　マイケルさん
（　　　）　　　　　　　　　　（　　　）

③　　　　　　　　　　　　　　④

リュウさん　　　　　　　　　　山田<やま だ>さん
（　　　）　　　　　　　　　　（　　　）

44

다음을 읽고 문제를 풀어 봅시다.

はじめまして。私は 李由梨です。 私は 韓国人で、留学生です。小林広幸
さんは 日本人で、大学生です。大学 2年生です。山本明子さんは 会社員
です。大学生では ありません。山本明子さんは 小林広幸さんの 友だち
です。

1 小林広幸さんは 学生ですか。

① いいえ、学生じゃ ありません。会社員です。

② いいえ、学生じゃ ありません。英語教師です。

③ はい、学生です。

④ はい、会社員です。

2 山本明子さんは 誰の 友だちですか。

① 李由梨さん

② 小林広幸さん

③ 金宇真さん

④ ジョンさん

새단어 ~の ~의  友だち 친구

# 인사 나누기

우리나라에서는 처음 만난 사람과 악수를 하는 것이 자연스러운 인사법입니다. 하지만 일본에서는 일본인은 악수하는 것보다 약간의 거리를 두고 가볍게 목례하는 것을 선호합니다. 그리고 업무상 처음 만난 사람과는 보통 명함을 교환하며 인사를 합니다.

일본에서 명함은 '그 사람의 얼굴'이라고 생각할 정도로 명함을 중요시합니다. 따라서 처음 만나 명함을 교환할 때는 각별한 주의가 필요합니다. 명함을 교환할 때는 손아랫사람 또는 방문한 쪽에서 먼저 명함을 건네는 것이 예의입니다. 그리고 양손으로 받고, 교환 시 상대방과의 사이에 테이블 등의 장애물이 없도록 할 것 등 주의 할 점이 있습니다.

일본인의 이름은 일본인에게도 어려운 경우가 있습니다. 한자를 읽는 법이 여러 가지 있기 때문입니다. 명함을 받았을 때는 상대방에게 읽는 법을 물어보는 것은 실례가 아니므로 상대방의 이름을 확인하는 것이 좋습니다.

# これは 韓国の
# おみやげです

かんこく

사물에 대해 묻고 답해 봅시다.

미리 보기

❶ これは 何ですか。
❷ それは 誰の 本ですか。
❸ 田中さんも 学生ですか。

**1**

A: これは 何<sub>なん</sub>ですか。

B: それは カメラです。

**2**

A: それは 誰<sub>だれ</sub>の 本<sub>ほん</sub>ですか。

B: これは 鈴木<sub>すずき</sub>さんの 本<sub>ほん</sub>です。

**3**

A: あれは 銀行<sub>ぎんこう</sub>ですか。

B: はい、あれは 銀行<sub>ぎんこう</sub>です。

**4**

A: 田中<sub>たなか</sub>さんも 学生<sub>がくせい</sub>ですか。

B: いいえ、田中<sub>たなか</sub>さんは 学生<sub>がくせい</sub>じゃ ありません。

새 단어

これ 이것　何<sub>なん</sub> 무엇　それ 그것　カメラ 카메라　本<sub>ほん</sub> 책　あれ 저것　銀行<sub>ぎんこう</sub> 은행　〜も 〜도

이유리가 고바야시 히로유키에게 선물을 주었습니다.

李　　　これは　韓国の　おみやげです。どうぞ。

小林　　わあ、ありがとうございます。これは　何ですか。

李　　　ホドゥグヮジャです。くるみの　お菓子です。

小林　　ソウルの　名物　おみやげですか。

李　　　いいえ。それは　ソウルの　名物では　ありません。

　　　　天安の　名物です。

小林　　そうですか。さっそく　いただきます。李さんも　どうぞ。

李　　　ありがとうございます。

**새단어**

**韓国** 한국　**おみやげ** 선물　**どうぞ** 어서, 부디　**わあ** 와아〈감탄사〉　**ありがとうございます** 감사합니다

**ホドゥグヮジャ** 호두과자　**くるみ** 호두　**お菓子** 과자　**ソウル** 서울　**名物** 명물　**天安** 천안〈지명〉　**さっそく** 즉시, 바로

**いただきます** 먹겠습니다〈겸양어〉

## 1 これ / それ / あれ / どれ 이것/그것/저것/어느 것

사물을 가리킬 때 사용하는 지시어이다. 말하는 사람에 가까우면 「これ」, 듣는 사람에 가까우면 「それ」, 모두에게 멀리 떨어져 있으면 「あれ」를 사용하며, 「どれ」는 '어느 것'에 해당한다. 「これ」로 물으면 「それ」, 「それ」로 물으면 「これ」, 「あれ」로 물으면 「あれ」로 대답한다.

A : これは 時計です。 이것은 시계입니다.

B : それは 辞書です。 그것은 사전입니다.

A : あれは テレビです。 저것은 텔레비전입니다.

B : あれは テレビでは ありません。コンピューターです。
저것은 텔레비전이 아닙니다. 컴퓨터입니다.

**새 단어**

時計 시계
辞書 사전
テレビ 텔레비전
コンピューター 컴퓨터

## 2 何ですか 무엇입니까?

「何」은 우리말 '무엇'에 해당하는 말로, 「何ですか」라고 하면 '무엇입니까?'라는 뜻이 된다. 「何」이 조사와 쓰일 때는 「なに」로 발음되기도 한다. 예를 들면 「何を(무엇을)」「何が(무엇이)」등이 있다.

A : これは 何ですか。 이것은 무엇입니까?

B : それは 新聞です。 그것은 신문입니다.

A : それは 何ですか。 그것은 무엇입니까?

B : これは めがねです。 이것은 안경입니다.

A : あれは 何ですか。 저것은 무엇입니까?

B : あれは 銀行です。 저것은 은행입니다.

**새 단어**

新聞 신문
めがね 안경

## ∃  ～の  ~의, ~의 것

일본어에서는 명사와 명사 사이에 「の」를 넣어서 명사를 연결한다. 「～の」는 '~의'라는 뜻인데, 해석을 생략하는 경우가 많다. 「～の」가 명사 뒤에 붙어 '~의 것'이라는 소유의 뜻을 나타내기도 한다.

これは　日本の　おみやげです。 이것은 일본 선물입니다.

それは　韓国の　切手です。 그것은 한국 우표입니다.

あれは　先生の　車です。 저것은 선생님 차입니다.

それは　私のです。 그것은 내 것입니다.

새 단어

日本 일본
切手 우표
車 차, 자동차
～の ~의 것

## Ч  ～も  ~도

동일한 사항 중 하나를 예로 들어 이 밖에도 있음을 나타낸다. 비슷한 사항을 열거할 때도 쓰이고, 강조할 때도 쓴다.

A : これも　日本の　切手ですか。 이것도 일본 우표입니까?

B : はい、それも　日本の　切手です。 네, 그것도 일본 우표입니다.

A : 田中さんも　銀行員ですか。 다나카 씨도 은행원입니까?

B : いいえ、田中さんは　銀行員じゃ　ありません。
아니요, 다나카 씨는 은행원이 아닙니다.

# 문형 연습하기

보기와 같이 바꿔 봅시다.

**1**

> **보기** | これ / デジカメ ➡ <u>これ</u>は <u>デジカメ</u>です。

① それ / 時計
➡ _____

② それ / 傘
➡ _____

③ あれ / テレビ
➡ _____

> **새단어** | デジカメ 디지털 카메라　傘 우산

**2**

> **보기** | これ / それ / タブレット ➡ A: <u>これ</u>は 何ですか。
> B: <u>それ</u>は <u>タブレット</u>です。

① これ / それ / めがね
➡ _____

② それ / これ / 辞書
➡ _____

③ あれ / あれ / 車
➡ _____

> **새단어** | タブレット 태블릿

**3**

| 보기 | これ / 私(わたし) / 本(ほん) → これは 私(わたし)の 本(ほん)です。 |

① それ / 小林(こ ばやし)さん / 雑誌(ざっ し)

➡ _____

② これ / 山本(やま もと)さん / ケータイ

➡ _____

③ あれ / 李(イ)さん / バッグ

➡ _____

새 단어   雑誌(ざっ し) 잡지   ケータイ 휴대 전화

**4**

| 보기 ➡ | これ / 私(わたし)の 本(ほん) / それ / あれ<br>これは 私(わたし)の 本(ほん)です。<br>それも 私(わたし)の 本(ほん)です。<br>あれは 私(わたし)の 本(ほん)じゃ ありません。 |

① これ / 日本(に ほん)の 切手(きっ て) / それ / あれ

➡ _____

② それ / 先生(せん せい)の ボールペン / これ / あれ

➡ _____

③ あれ / 日本(に ほん)の 新聞(しん ぶん) / これ / それ

➡ _____

새 단어   ボールペン 볼펜

# 회화 연습하기

보기와 같이 단어를 바꿔 말해 봅시다.

**1** 보기

A: a <u>これ</u>は 何<sup>なん</sup>ですか。

B: b <u>それ</u>は c <u>雑誌<sup>ざっし</sup></u>です。

A: d <u>韓国<sup>かんこく</sup>の</u> c <u>雑誌<sup>ざっし</sup></u>ですか。

B: はい、d <u>韓国<sup>かんこく</sup>の</u> c <u>雑誌<sup>ざっし</sup></u>です。

① a これ     b それ     c 辞書<sup>じしょ</sup>     d 英語<sup>えいご</sup>

② a それ     b これ     c 切手<sup>きって</sup>     d アメリカ

③ a あれ     b あれ     c のり     d 韓国<sup>かんこく</sup>

새 단어 ‖ 英語<sup>えいご</sup> 영어 　アメリカ 미국 　のり 김

**2** 보기

A: 田中<sup>たなか</sup>さんの a <u>バッグ</u>は どれですか。

B: b <u>それ</u>です。

A: c <u>これ</u>も 田中<sup>たなか</sup>さんの a <u>バッグ</u>ですか。

B: いいえ、b <u>それ</u>は d <u>山田<sup>やまだ</sup>さんの</u> a <u>バッグ</u>です。

① a 辞書<sup>じしょ</sup>     b これ     c それ     d 宋<sup>ソン</sup>さん

② a ボールペン     b それ     c これ     d 林<sup>はやし</sup>さん

③ a 傘<sup>かさ</sup>     b あれ     c あれ     d クリスさん

# 듣기 연습하기

**1**    잘 듣고 빈칸을 채워 봅시다.

① A : それは 何<sup>なん</sup>ですか。

    B : これは (          ) です。

② A : あれは 何<sup>なん</sup>ですか。

    B : あれは (         ) です。

③ A : あれは 何<sup>なん</sup>ですか。

    B : (       ) は (       ) です。

④ A : これは 何<sup>なん</sup>ですか。

    B : (       ) は (       ) です。

**2**    잘 듣고 사진과 일치하면 ○, 틀리면 ×해 봅시다.

①

(    )

②

(    )

③

(    )

④

(    )

다음을 읽고 문제를 풀어 봅시다.

> これは 韓国の おみやげです。ホドゥグヮジャです。くるみの お菓子です。
> ホドゥグヮジャは ソウルの 名物では ありません。天安の 名物です。

**1** ホドゥグヮジャは 韓国の おみやげですか。

① はい。韓国の おみやげです。

② いいえ。韓国の おみやげでは ありません。中国の おみやげです。

③ はい。日本の おみやげです。

④ いいえ。日本の おみやげでは ありません。アメリカの おみやげ
です。

｜새단어｜ 中国 중국

**2** ホドゥグヮジャは ソウルの 名物ですか。

① はい。そうです。

② いいえ。ソウルの 名物では ありません。プサンの 名物です。

③ はい。ホドゥグヮジャは ソウルの 名物です。

④ いいえ。ソウルの 名物では ありません。天安の 名物です。

｜새단어｜ プサン 부산

# いくらですか

가격을 묻고 답해 봅시다.

미리 보기

❶ この ファイルは いくらですか。
❷ ファイルと のりを ください。
❸ この ワインは どうですか。
❹ それは 1本 200円です。
　　　　　いっぽん　　にひゃく えん
❺ その ワインに します。

**1**

A: この ファイルは いくらですか。

B: 90円です。
<small>きゅうじゅうえん</small>

**2**

A: ファイルと のりを ください。

B: はい、全部で 90円です。
<small>ぜんぶ</small> <small>きゅうじゅうえん</small>

**3**

A: これは いくらですか。

B: それは 1本 200円です。
<small>いっぽん</small> <small>にひゃく えん</small>

**4**

A: この ワインは どうですか。

B: そうですね。その ワインに します。

---

**새단어**

この 이  ファイル 파일  いくら 얼마  ～円 ～엔  ～と ～와(과)  のり 풀  ～を ～을(를)  ください 주세요
<small>えん</small>
全部で 전부 다 해서  ～本 ～자루, ～병  ワイン 와인  どうですか 어떻습니까?  そうですね 그렇군요  その 그
<small>ぜんぶ</small> <small>ほん</small>
～にします ～로 하겠습니다

TRACK 36

이유리와 고바야시 히로유키가 카페에서 주문을 하고 있습니다.

店員   いらっしゃいませ。

李    その サンドイッチは いくらですか。

店員   ３５０円です。

李    この スコーンは？

店員   ２７０円です。

李    あ、そうですか。

小林   李さん、あの ホットドッグは どうですか。あれは ３１０円です。

李    じゃ、あの ホットドッグに します。
     ホットドッグ ２本と オレンジジュースを ください。

店員   はい。ありがとうございます。

새 단어

店員 점원  いらっしゃいませ 어서 오세요  サンドイッチ 샌드위치  スコーン 스콘  あの 저  ホットドッグ 핫도그
じゃ 그럼  オレンジジュース 오렌지 주스

## 문형 쏙! 정리하기

### 1  この / その / あの / どの  이/그/저/어느

명사를 수식하는 지시어이다. 말하는 사람에 가까우면 「この」, 듣는 사람에 가까우면 「その」, 모두에게 멀리 떨어져 있으면 「あの」를 사용하며, 「どの」는 '어느'에 해당한다.

この 辞書は 日本語の 辞書です。 이 사전은 일본어 사전입니다.

その シャーペンは 金さんの シャーペンです。
그 샤프는 김 씨의 샤프입니다.

あの 車は 社長の 車です。 저 차는 사장님의 차입니다.

林さんの バックは どの バックですか。
하야시 씨의 가방은 어느 가방입니까?

**새 단어**

日本語 일본어

シャーペン 샤프

社長 사장(님)

社長 사장(님)

バック 가방

どの 어느

### 2  ～は いくらですか  ～은 얼마입니까?

가격을 묻는 표현이다.

この めがねは いくらですか。 이 안경은 얼마입니까?

その トマトジュースは いくらですか。 그 토마토 주스는 얼마입니까?

A : この オレンジジュース 一本 いくらですか。 이 오렌지 주스 한 병에 얼마입니까?
B : 1本 110円です。 한 병에 110엔입니다.

**새 단어**

トマトジュース
토마토 주스

## 3  수 읽기

| 1 | いち | 10 | じゅう | 100 | ひゃく |
|---|---|---|---|---|---|
| 2 | に | 20 | にじゅう | 200 | にひゃく |
| 3 | さん | 30 | さんじゅう | 300 | さんびゃく |
| 4 | し・よん・よ | 40 | よんじゅう | 400 | よんひゃく |
| 5 | ご | 50 | ごじゅう | 500 | ごひゃく |
| 6 | ろく | 60 | ろくじゅう | 600 | ろっぴゃく |
| 7 | しち・なな | 70 | ななじゅう | 700 | ななひゃく |
| 8 | はち | 80 | はちじゅう | 800 | はっぴゃく |
| 9 | きゅう・く | 90 | きゅうじゅう | 900 | きゅうひゃく |

※ 0은 「れい」 또는 「ゼロ」로 읽는다.

## 4  〜は どうですか   〜은 어떻습니까?

상대에게 권유할 때나 경험, 인상, 감상 등에 관해서 물을 때 쓴다.

コーヒーは どうですか。 커피는 어떻습니까?

この 靴<sup>くつ</sup>は どうですか。 이 구두는 어떻습니까?

ソウルの 天気<sup>てんき</sup>は どうですか。 서울의 날씨는 어떻습니까?

日本<sup>にほん</sup>の 景気<sup>けいき</sup>は どうですか。 일본의 경기는 어떻습니까?

**새 단어**

**コーヒー** 커피

**靴<sup>くつ</sup>** 구두, 신발

**天気<sup>てんき</sup>** 날씨

**景気<sup>けいき</sup>** 경기

## 5 　～円 / ～本 　～엔 / ～자루, ～병

「～円」은 일본의 화폐 단위이며 「4円」은 발음을 주의하고 「何円」은 「なんねん」으로 발음하지
않도록 주의한다.
「～本」은 가늘고 긴 것, 병, 연필 등을 세는 조수사이다. 숫자 1, 3, 6, 8, 10과 「何」 뒤에서는 발음
이 달라지므로 주의한다.

| ～円 | 1円 | 2円 | 3円 | 4円 | 5円 |
|------|------|------|------|------|------|
| ～엔 | いちえん | にえん | さんえん | よえん | ごえん |
| 6円 | 7円 | 8円 | 9円 | 10円 | 何円 |
| ろくえん | ななえん | はちえん | きゅうえん | じゅうえん | なんえん |

| ～本 | 1本 | 2本 | 3本 | 4本 | 5本 |
|------|------|------|------|------|------|
| ～자루, 병 | いっぽん | にほん | さんぼん | よんほん | ごほん |
| 6本 | 7本 | 8本 | 9本 | 10本 | 何本 |
| ろっぽん | ななほん | はっぽん | きゅうほん | じゅっぽん | なんぼん |

## 6 　～に します 　～(으)로 하겠습니다

선택을 나타내는 표현이다.

A : 飲み物は 何に しますか。 음료는 무엇으로 하겠습니까?
B : コーラに します。 콜라로 하겠습니다.

A : おみやげは 何に しますか。 선물은 무엇으로 하겠습니까?
B : おみやげは のりに します。 선물은 김으로 하겠습니다.

새 단어

飲み物 음료
コーラ 콜라

## 7 ～と　～와(과)

열거를 나타내는 조사로 대등한 것을 늘어놓거나 비교할 때 쓴다.

この ジュースと サンドイッチは いくらですか。
이 주스와 샌드위치는 얼마입니까?

この 本と ノートは 誰のですか。 이 책과 노트는 누구의 것입니까?

その シャーペンと 消しゴムを ください。
그 샤프와 지우개를 주세요.

ワイン 1本と 日本酒 1本は いくらですか。
와인 한 병과 일본술 한 병은 얼마입니까?

**새 단어**

ジュース 주스
ノート 노트
消しゴム 지우개
日本酒 일본술


## 8 ～(を) ください　～을(를) 주세요

상대방에게 무언가를 요구하거나 부탁할 때 쓰는 표현이다.

これを ください。 이것을 주세요.

その パソコンを ください。 그 퍼스널 컴퓨터를 주세요.

チーズケーキと 紅茶を ください。 치즈 케이크와 홍차를 주세요.

ビール 3本 ください。 맥주 3병 주세요.

**새 단어**

パソコン 퍼스널 컴퓨터
チーズケーキ
치즈 케이크
紅茶 홍차
ビール 맥주

## 문형 연습하기

보기와 같이 바꿔 봅시다.

**1**

> 보기
>
> トマト / 100円
>
> ⇒ A: トマトは いくらですか。
>
> B: 100円です。

① この コーヒー / 600

➡ _____

② その サンドイッチ / 340

➡ _____

③ あの 財布 / 980

➡ _____

새단어 　トマト 토마토　財布 지갑

**2**

> 보기　チーズケーキ / 紅茶 → チーズケーキと 紅茶を ください。

① トースト / コーヒー

➡ _____

② おにぎり / お茶

➡ _____

③ バナナ / りんご

➡ _____

새단어 　トースト 토스트　おにぎり 주먹밥　お茶 (녹)차　バナナ 바나나　りんご 사과

**3**

보기
何 / 紅茶
なに　こうちゃ

→ A: 何に しますか。
なに

B: 紅茶に します。
こうちゃ

① どれ / この 本
ほん

➡ _____

② この 車 / いいえ、あの 車
くるま　　　　　　　　くるま

➡ _____

③ 何 / パスタ
なに

➡ _____

새 단어 │ パスタ 파스타

**4**

보기
503 → ごひゃくさん

ろっぴゃくはちじゅうなな → 687

① 60 ➡ _____

② 890 ➡ _____

③ 241 ➡ _____

④ じゅうご ➡ _____

⑤ きゅうひゃくはち ➡ _____

⑥ さんびゃくななじゅうよん ➡ _____

# 회화 연습하기

보기와 같이 단어를 바꿔 말해 봅시다.

1 | 보기

A: a <u>とうふ</u>は いくらですか。
B: b <u>100円</u>です。
A: じゃ、a <u>とうふ</u>と c <u>ねぎ</u>を ください。
B: はい、ありがとうございます。全部で d <u>３００円</u>です。

① a バナナ　　　b １６０　　　　c みかん　　　d ５２０
② a ノート　　　b ８６　　　　　c ファイル　　d ２０７
③ a ハンバーガー b ３４０　　　　c ポテト　　　d ６００

새단어 ┃ とうふ 두부　ねぎ 파　みかん 귤　ハンバーガー 햄버거　ポテト 포테이토

2 | 보기

A: 山本さん、a <u>この ペン</u>は どうですか。
B: b <u>それ</u>は ちょっと…。
A: じゃ、c <u>あの ペン</u>に しますか。
B: はい、c <u>あの ペン</u>に します。

① a その ノート　　　b これ　　　　c 手帳
② a この 靴　　　　　b それ　　　　c あの 靴
③ a その コーヒー　　b コーヒー　　c ジュース

새단어 ┃ ちょっと 좀〈금방 결정할 수 없어 망설일 때 쓰는 말〉

# 듣기 연습하기

**1** 잘 듣고 빈칸을 채워 봅시다.

① A : この りんごは いくらですか。

B : (　　　　　) 円<sup>えん</sup>です。

② A : サラダは いくらですか。

B : (　　　　　) 円<sup>えん</sup>です。

③ A : ハンバーガーは いくらですか。

B : (　　　　　) 円<sup>えん</sup>です。

| 새 단어 | サラダ 샐러드

**2** 잘 듣고 사진과 일치하면 O, 틀리면 ×해 봅시다.

①

(　　　　)

②

(　　　　)

③

(　　　　)

④

(　　　　)

| 새 단어 | ブラウス 블라우스　スカート 치마

다음을 읽고 문제를 풀어 봅시다.

これは　サンドイッチです。この　サンドイッチは　370円です。それ
は　オレンジジュースです。その　オレンジジュースは　150円です。あれ
は　ホットドックです。あの　ホットドックは　330円です。ホットドック
2本と　オレンジジュース　1本は　全部で　810円です。

**1**　サンドイッチは いくらですか。

① さんひゃく ななじゅう円です。

② さんひゃく しちじゅう円です。

③ さんびゃく ななじゅう円です。

④ さんびゃく しちじゅう円です。

**2**　ホットドック 2本と オレンジジュース 1本は 全部で いくらですか。

① はちひゃく じゅう円です。

② はっぴゃく じゅう円です。

③ はちびゃく じゅう円です。

④ はっひゃく じゅう円です。

**6과**

<ruby>授業<rt>じゅぎょう</rt></ruby>は
<ruby>何時<rt>なん じ</rt></ruby>からですか

시간 표현을 배워 봅시다.

미리 보기

❶ <ruby>授業<rt>じゅぎょう</rt></ruby>は <ruby>何時<rt>なん じ</rt></ruby>から <ruby>何時<rt>なん じ</rt></ruby>までですか。
❷ <ruby>子<rt>こ</rt></ruby>どもの<ruby>日<rt>ひ</rt></ruby>は いつですか。
❸ ５<ruby>月<rt>ご がつ</rt></ruby> ５<ruby>日<rt>いつか</rt></ruby>です。
❹ <ruby>何<rt>なん</rt></ruby>の <ruby>辞書<rt>じ しょ</rt></ruby>ですか。

**1**

A: 授業は 何時から 何時までですか。

B: 午前 9時から 午後 5時までです。

**2**

A: 子どもの日は いつですか。

B: 5月 5日です。

**3**

A: 学校は いつからですか。

B: 来週の 月曜日からです。

**4**

A: 何の 辞書ですか。

B: 日本語の 辞書です。

---

새 단어

授業 수업  何時 몇 시  ~から ~부터, ~에서  ~まで ~까지  午前 오전  ~時 ~시  午後 오후  子どもの日 어린이날

~月 ~월  5日 5일  学校 학교  いつ 언제  来週 다음 주  月曜日 월요일  何の 무슨

이유리와 고바야시 히로유키가 연휴에 대해 이야기하고 있습니다.

李　小林さん、ゴールデンウィークは いつですか。

小林　4月 29日から 5月 5日までです。

李　そうですか。5月 3日は 何の 日ですか。

小林　憲法記念日です。

李　そうですか。

小林　李さん、ゴールデンウィークの 予定は？

李　月曜日は 午後 2時から 友だちと 勉強です。

小林　月曜日？ 月曜日は ええと…。

李　5月 2日です。

새단어

ゴールデンウィーク 골든위크　～日 ～일　憲法記念日 헌법기념일　予定 예정　勉強 공부

# 문형 쏙! 정리하기

## 1 ~は いつですか  ~은 언제입니까?

때, 날짜를 묻는 표현으로 이 외에도 조수사 앞에 「何」을 붙여, 「何曜日」, 「何月」, 「何日」 등을 쓰기도 한다.

A : 金さんの 誕生日は いつですか。 김 씨의 생일은 언제입니까?
B : 7月 4日です。 7월 4일입니다.

テニスの 試合は いつからですか。 테니스 시합은 언제부터입니까?

バーゲンセールは いつまでですか。 바겐세일은 언제까지입니까?

### 새 단어

**誕生日** 생일

**テニス** 테니스

**試合** 시합

**バーゲンセール**
바겐세일

## 2 ~から ~まで  ~부터 ~까지, ~에서 ~까지

시간과 장소의 시작과 끝을 나타내는 조사로 각각 쓰기도 한다.

日本語の 授業は 午前 11時から 午後 1時までです。
일본어 수업은 오전 11시부터 오후 1시까지입니다.

セミナーは 今週の 月曜日から 来週の 木曜日までです。
세미나는 이번 주 월요일부터 다음 주 목요일까지입니다.

京釜高速道路は ソウルから プサンまでです。
경부고속도로는 서울에서 부산까지입니다.

テストは いつからですか。 시험은 언제부터입니까?

会議は 3時までです。 회의는 3시까지입니다.

### 새 단어

**セミナー** 세미나

**今週** 이번 주

**木曜日** 목요일

**京釜高速道路**
경부고속도로

**テスト** 시험

**会議** 회의

## 3 날짜 읽기

### 월(月)

| ～月 | 1月 | 2月 | 3月 | 4月 | 5月 | 6月 |
|---|---|---|---|---|---|---|
| ～월 | いちがつ | にがつ | さんがつ | しがつ | ごがつ | ろくがつ |
| 7月 | 8月 | 9月 | 10月 | 11月 | 12月 | 何月 |
| しちがつ | はちがつ | くがつ | じゅうがつ | じゅういちがつ | じゅうにがつ | なんがつ |

### 일(日)·요일(曜日)

| 日曜日<br>にちようび | 月曜日<br>げつようび | 火曜日<br>かようび | 水曜日<br>すいようび | 木曜日<br>もくようび | 金曜日<br>きんようび | 土曜日<br>どようび |
|---|---|---|---|---|---|---|
| | | 1日<br>ついたち | 2日<br>ふつか | 3日<br>みっか | 4日<br>よっか | 5日<br>いつか |
| 6日<br>むいか | 7日<br>なのか | 8日<br>ようか | 9日<br>ここのか | 10日<br>とおか | 11日<br>じゅういち<br>にち | 12日<br>じゅうに<br>にち |
| 13日<br>じゅうさん<br>にち | 14日<br>じゅう<br>よっか | 15日<br>じゅうご<br>にち | 16日<br>じゅうろく<br>にち | 17日<br>じゅうしち<br>にち | 18日<br>じゅうはち<br>にち | 19日<br>じゅうく<br>にち |
| 20日<br>はつか | 21日<br>にじゅう<br>いちにち | 22日<br>にじゅう<br>ににち | 23日<br>にじゅう<br>さんにち | 24日<br>にじゅう<br>よっか | 25日<br>にじゅう<br>ごにち | 26日<br>にじゅう<br>ろくにち |
| 27日<br>にじゅう<br>しちにち | 28日<br>にじゅう<br>はちにち | 29日<br>にじゅう<br>くにち | 30日<br>さんじゅう<br>にち | 31日<br>さんじゅう<br>いちにち | 何日<br>なんにち | 何曜日<br>なんようび |

### 때를 나타내는 말

| | 과거 | 현재 | 미래 |
|---|---|---|---|
| 일 | 昨日 어제<br>きのう | 今日 오늘<br>きょう | 明日 내일<br>あした |
| 주 | 先週 지난주<br>せんしゅう | 今週 이번 주<br>こんしゅう | 来週 다음 주<br>らいしゅう |
| 월 | 先月 지난달<br>せんげつ | 今月 이번 달<br>こんげつ | 来月 다음 달<br>らいげつ |
| 년 | 去年 / 昨年 작년<br>きょねん さくねん | 今年 올해<br>ことし | 来年 내년<br>らいねん |

## 4 何の～ 무슨~

종류나 내용을 물을 때 명사 앞에 붙여 사용한다.

A: 何の 授業ですか。 무슨 수업입니까?

B: ドイツ語の 授業です。 독일어 수업입니다.

A: これは 何の 雑誌ですか。 이것은 무슨 잡지입니까?

B: ファッション雑誌です。 패션 잡지입니다.

A: 何の 会社ですか。 무슨 회사입니까?

B: 貿易会社です。 무역회사입니다.

## 5 시간 읽기

### 시(時)

| ～時 | 1時 | 2時 | 3時 | 4時 | 5時 | 6時 |
|---|---|---|---|---|---|---|
| ～시 | いちじ | にじ | さんじ | よじ | ごじ | ろくじ |
| 7時 | 8時 | 9時 | 10時 | 11時 | 12時 | 何時 |
| しちじ | はちじ | くじ | じゅうじ | じゅういちじ | じゅうにじ | なんじ |

### 분(分)

| ～分 | 1分 | 2分 | 3分 | 4分 | 5分 |
|---|---|---|---|---|---|
| ～분 | いっぷん | にふん | さんぷん | よんぷん | ごふん |
| 6分 | 7分 | 8分 | 9分 | 10分 | 11分 |
| ろっぷん | ななふん | はっぷん | きゅうふん | じゅっぷん | じゅう いっぷん |
| 20分 | 30分 / 半 | 40分 | 50分 | 60分 | 何分 |
| にじゅっぷん | さんじゅっぷん / はん | よんじゅっぷん | ごじゅっぷん | ろくじゅっぷん | なんぷん |

## 문형 연습하기

보기와 같이 바꿔 봅시다.

**1**

> **보기** 授業 / 11:00～3:00 → 授業は 11時から 3時までです。

① 郵便局 / 9:00～5:00

→ _____

② デパート / 午前 10:00～午後 8:00

→ _____

③ この 飛行機 / 東京～ニューヨーク

→ _____

**새단어** 郵便局 우체국  デパート 백화점  飛行機 비행기  東京 도쿄  ニューヨーク 뉴욕

**2**

> **보기** 本 / 日本語 → A : 何の 本ですか。
> B : 日本語の 本です。

① アルバイト / 家庭教師

→ _____

② 雑誌 / カメラ

→ _____

③ 番組 / 料理

→ _____

**새단어** アルバイト 아르바이트  家庭教師 가정교사  番組 프로그램  料理 요리

**3**

| 보기 | PM 11 : 15 → ごご じゅういちじ じゅうごふん |
| --- | --- |

① PM 8 : 20

➡ _____

② AM 10 : 40

➡ _____

③ PM 6 : 52

➡ _____

**4**

| 보기 | みどりの日 / 5月 4日<br>➡ みどりの日は ごがつ よっかです。 |
| --- | --- |

① 元日 / 1月 1日

➡ _____

② 山の日 / 8月 11日

➡ _____

③ 文化の日 / 11月 3日

➡ _____

새단어　みどりの日 초록의 날〈경축일의 하나〉　元日 설날　山の日 산의 날〈경축일의 하나〉
　　　　文化の日 문화의 날〈경축일의 하나〉

# 회화 연습하기

보기와 같이 단어를 바꿔 말해 봅시다.

**1** 보기

A: a 授業は 何時からですか。

B: b 9時からです。

A: 何の a 授業ですか。

B: c フランス語の a 授業です。

① a コンサート　　b 5時　　　　　　c クラシック

② a 展示会　　　　b 午前 9時　　　　c 生け花

③ a 試合　　　　　b 午前 10時 半　　c テニス

새 단어　コンサート 콘서트　クラシック 클래식　展示会 전시회　生け花 꽃꽂이

**2** 보기

A: 誕生日は いつですか。

B: a 2月 7日です。鈴木さんは？

A: b 3月 6日です。

B: そうですか。c 今週の d 木曜日ですね。

① a 8月 1日　　b 11月 4日　　c 今週　　d 月曜日

② a 12月 2日　　b 6月 8日　　c 今週　　d 金曜日

③ a 7月 3日　　b 10月 9日　　c 来週　　d 水曜日

새 단어　〜ですね 〜이군요

# 듣기 연습하기

**1** 잘 듣고 빈칸을 채워 봅시다.

① A : テストは いつから いつまでですか。

B : テストは (          ) から (          ) までです。

② A : 銀行は 何時から 何時までですか。

B : 銀行は (          ) から (          ) までです。

③ A : 夏休みは いつから いつまでですか。

B : 夏休みは (          ) から (          ) までです。

새 단어 | **夏休み** 여름 방학, 여름 휴가

**2** 잘 듣고 그림과 내용이 일치하면 ○, 틀리면 ✕해 봅시다.

①
AM 9:00
～
PM 8:00
SUPERMARKET
(     )

②
OPEN
월요일
～
금요일
BANK
(     )

③

| 月 | 火 | 水 | 木 | 金 | 土 | 日 |
|---|---|---|---|---|---|---|
| 5/5 | 5/6 | 5/7 | 5/8 | 5/9 | 5/10 | 5/11 |
| ←               テニスの試合               → | | | | | | |

(     )

새 단어 | **スーパー** 슈퍼마켓

## 독해 연습하기

다음을 읽고 문제를 풀어 봅시다.

> ゴールデンウィークは 4月 29日から 5月 5日までです。来週の 月曜日は 5月 2日です。5月 2日は 国民の休日です。月曜日、李さんは 午後 2時から 友だちと 勉強の 予定です。

1　ゴールデンウィークは いつまでですか。

① ごがつ みっかまでです。

② ごがつ ここのかまでです。

③ ごがつ むいかまでです。

④ ごがつ いつかまでです。

2　来週の 月曜日、李さんの 予定は 何ですか。

① 勉強です。

② 午後 2時からです。

③ 国民の休日です。

④ 5月 3日です。

새 단어　国民 국민　休日 휴일

# 일본의 공휴일

일본에서는 공휴일을 「국민의 경축일」이라고 합니다. 일본의 주요 공휴일은 다음과 같습니다.

| | | | |
|---|---|---|---|
| 1월 1일 | 설날(元日) | 1월 둘째 월요일 | 성인의 날(成人の日) |
| 2월 11일 | 건국기념의 날(建国記念の日) | 2월 23일 | 천황탄생일(天皇誕生日) |
| 3월 20일경 | 춘분의 날(春分の日) | 4월 29일 | 쇼와의 날(昭和の日) |
| 5월 3일 | 헌법기념일(憲法記念日) | 5월 4일 | 초록의 날(みどりの日) |
| 5월 5일 | 어린이날(子供の日) | 7월 셋째 월요일 | 바다의 날(海の日) |
| 8월 11일 | 산의 날(山の日) | 9월 셋째 월요일 | 경로의 날(敬老の日) |
| 9월 20일경 | 추분의 날(秋分の日) | 10월 둘째 월요일 | 스포츠의 날(スポーツの日) |
| 11월 3일 | 문화의 날(文化の日) | 11월 23일 | 근로감사의 날(勤労感謝の日) |

## ❀ 해피 먼데이(Happy Monday), 대체휴일(振替休日)

위의 표에 둘째 월요일, 셋째 월요일을 공휴일(成人の日, 海の日, 敬老の日, スポーツの日)로 제정하였는데, 이 공휴일은 해피 먼데이(Happy Monday)제도(2000년, 2003년)에 따라 월요일로 이동한 국민의 경축일입니다. 주 5일제가 정착되어 날짜에 관계없이 월요일을 공휴일로 하면 토요일, 일요일을 합쳐 3일 연휴가 되기 때문에 '해피 먼데이'라고 부릅니다. 여기에는 공휴일을 늘려 여가를 즐기려는 취지가 담겨져 있습니다. 또한 공휴일이 월요일과 겹친 경우, 그 다음 월요일이 휴일이 되는데 이것을 대체휴일(振替休日)이라고 부릅니다.

## ❀ 황금 연휴(골든위크: ゴールデンウィーク)

4월 말부터 5월 초에 걸쳐 공휴일과 휴일이 계속되는데, 이 기간을 황금 연휴(ゴールデンウィーク) 또는 대형연휴(大型連休)라고 합니다. 대개 1주일 정도의 긴 휴가가 되기 때문에 여행을 하는 사람들이 많습니다.

- ~は ~です(か)  ~은/는 ~입니다(까?)

- はい、~です  네, ~입니다

- いいえ、~では (じゃ) ありません  아니요, ~이(가) 아닙니다

- ~で  ~이고, ~이며

- ~さん  ~씨

- これ / それ / あれ / どれ  이것 / 그것 / 저것 / 어느 것

- <ruby>何<rt>なん</rt></ruby>ですか  무엇입니까?

- ~の  ~의, ~의 것

- ~も  ~도

- この / その / あの / どの  이 / 그 / 저 / 어느

- ~は いくらですか  ~은 얼마입니까?

- ~と  ~와(과)

- ~(を) ください  ~을(를) 주세요

- ~は どうですか  ~은 어떻습니까?

- ~に します  ~(으)로 하겠습니다

- ~から ~まで  ~부터 ~까지, ~에서 ~까지

- <ruby>何<rt>なん</rt></ruby>の~  무슨 ~

- ~は いつですか  ~은 언제입니까?

**1** 보기와 같이 적당한 것을 골라 봅시다.

> 보기 ( (あれ)/ あの ) は 何<sub>なん</sub>ですか。

① ( これ / この ) 車<sub>くるま</sub>は 誰<sub>だれ</sub>のですか。

② ( その / それ ) ボールペンは いくらですか。

③ ( あの / あれ ) は 私<sub>わたし</sub>の 傘<sub>かさ</sub>です。

④ ( 私<sub>わたし</sub> / 私<sub>わたし</sub>の ) は 会社員<sub>かいしゃいん</sub>じゃ ありません。

**2** 보기와 같이 적당한 말을 넣어 봅시다.

> 보기
>
> A : これは ( 何<sub>なん</sub> ) ですか。
>
> B : それは 本<sub>ほん</sub>です。

① A : あの ボールペンは (　　　　　) ですか。

　　B : そうですね。じゃ、あの ボールペンに します。

② A : おにぎりは (　　　　　) ですか。

　　B : １３０円<sub>ひゃくさんじゅうえん</sub>です。

③ A : 誕生日<sub>たんじょうび</sub>は (　　　　　) ですか。

　　B : ７月<sub>しちがつ</sub> ２４日<sub>にじゅうよっか</sub>です。

④ A : これは (　　　　　) の 辞書<sub>じしょ</sub>ですか。

　　B : 日本語<sub>にほんご</sub>の 辞書<sub>じしょ</sub>です。

**3** 보기와 같이 사진을 보고 써 봅시다.

| 보기 | | ろくじにじゅっぷん |

① _____

② _____

③ _____

④ _____

**4** 보기와 같이 바꿔 봅시다.

보기

本 / 日本語 / 金さん

➡ A: それは 何ですか。　　B: 本です。

A: 何の 本ですか。　　B: 日本語の 本です。

A: 誰の 本ですか。　　B: 金さんの 本です。

① 雑誌 / カメラ / 小林さん

➡ _____

_____

_____

② 辞書 / 英語 / 先生

➡ _____

_____

_____

③ CD / クラシック / 李さん

➡ _____

_____

_____

④ ノート / 料理 / 母

➡ _____

_____

_____

**5** 보기와 같이 바꿔 봅시다.

> **보기**
>
> それは 本<sub>ほん</sub>ですか。
>
> ⇒ はい、<u>これは 本<sub>ほん</sub>です</u>。
>
> いいえ、<u>これは 本<sub>ほん</sub>じゃ ありません</u>。

① 金<sub>キム</sub>さんは 学生<sub>がくせい</sub>ですか。

⇒ はい、_____

いいえ、_____

② 李<sub>イ</sub>さんは 会社員<sub>かいしゃいん</sub>ですか。

⇒ はい、_____

いいえ、_____

③ ジュースは 1本<sub>いっぽん</sub> 100円<sub>ひゃくえん</sub>ですか。

⇒ はい、_____

いいえ、_____

④ 授業<sub>じゅぎょう</sub>は 来週<sub>らいしゅう</sub>の 火曜日<sub>かようび</sub>からですか。

⇒ はい、_____

いいえ、_____

⑤ これは 韓国<sub>かんこく</sub>の のりですか。

⇒ はい、_____

いいえ、_____

**6**  다음을 읽고 일본어로 써 봅시다.

① 처음 뵙겠습니다. 저는 야마모토(山本)입니다. 잘 부탁드립니다.

➡ _____

② 다나카 씨는 일본인이고 내 친구입니다.

➡ _____

③ 내 지갑은 이것이 아닙니다. 저것입니다.

➡ _____

④ 내일은 무슨 수업입니까?

➡ _____

⑤ 여름 방학은 언제부터입니까?

➡ _____

⑥ 토요일도 휴일입니까?

➡ _____

⑦ 주스 두 병과 콜라 한 병 주세요.

➡ _____

⑧ 전부 다 해서 650엔입니다.

➡ _____

⑨ 이 구두는 어떻습니까?

➡ _____

⑩ 우체국은 오전 9시부터 오후 5시까지입니다.

➡ _____

# あそこの 机の 上に あります

위치·존재 표현을 배워 봅시다.

① トイレは どこですか。
② 鈴木さんは どこに いますか。
③ かばんの 中に 何が ありますか。
④ 本が 何冊 ありますか。

**1**

A: トイレは どこですか。

B: 入口の 左に あります。

**2**

A: 鈴木さんは どこに いますか。

B: 駐車場に います。

**3**

A: かばんの 中に 何が ありますか。

B: 何も ありません。

**4**

A: 机の 上に 本が 何冊 ありますか。

B: 6冊 あります。

---

**새 단어**

トイレ 화장실 どこ 어디 入口 입구 左 왼쪽 ～に ～에 あります (물건이) 있습니다 います (사람, 동물이) 있습니다

駐車場 주차장 かばん 가방 中 안, 속 ～が ～(이)가 何も 아무것도 机 책상 上 위 何冊 몇 권 ～冊 ～권

김우진과 야마모토 아키코가 회의를 준비하고 있습니다.

金　山本さん、鈴木さんは 今 どこに いますか。

山本　鈴木さん？ 鈴木さんは 会議室に います。

金　会議室？

山本　4階に 食堂が あります。その 食堂の 前です。

　　　金さん、会議の 参加者は 何人ですか。

金　今日の 会議の 参加者は 30人です。

山本　あ、ところで 金さん、ファイルは どこですか。

金　あそこです。あそこの 机の 上に あります。

새단어

今 지금　会議室 회의실　～階 ～층　食堂 식당　前 앞, 전, 이전　会議 회의　参加者 참가자　何人 몇 명　～人 ～명

ところで 그런데　あそこ 저기

## 1 ここ / そこ / あそこ / どこ 여기 / 거기 / 저기 / 어디

사물을 가리킬 때에는 「これ/それ/あれ/どれ」, 장소를 가리킬 때에는 「ここ/そこ/あそこ/どこ」, 방향을 가리킬 때에는 「こちら(こっち)/そちら(そっち)/あちら(あっち)/どちら(どっち)」를 사용한다.

다른 지시어와 마찬가지로 「ここ」는 말하는 사람과 가까운 곳, 「そこ」는 듣는 사람과 가까운 곳, 「あそこ」는 모두에게 멀리 떨어진 곳을 가리키며, 「どこ」는 '어디'에 해당한다.

**새 단어**

ここは 日本語の 教室です。 여기는 일본어 교실입니다.

そこは 会社の 駐車場です。 거기는 회사 주차장입니다.

あそこは 食堂です。 저기는 식당입니다.

控え室は こちらです。 대기실은 이쪽입니다.

- ここ 여기
- 教室 교실
- そこ 거기
- 控え室 대기실
- こちら 이쪽

## 2 います / いません (사람, 동물이) 있습니다 / 없습니다
## あります / ありません (사물이) 있습니다 / 없습니다

존재를 나타내는 표현으로, 사람이나 동물을 나타낼 때는 「います」를, 사물을 나타낼 때는 「あります」를 쓴다. 「います」의 부정은 「いません」, 「あります」의 부정은 「ありません」이다.

教室に 学生が います。 교실에 학생이 있습니다.

会議室に 誰も いません。 회의실에 아무도 없습니다.

あそこに コンビニが あります。 저기에 편의점이 있습니다.

冷蔵庫に 何も ありません。 냉장고에 아무것도 없습니다.

**새 단어**

- 誰も 아무도
- コンビニ 편의점
- 冷蔵庫 냉장고

90

## 3 　〜に 〜が 〜います / あります

〜에 〜이(가) 있습니다

「〜に」는 '〜에'라는 뜻의 조사로 장소, 위치, 시간을 나타낸다. 「〜が」는 '〜이(가)'라는 뜻의 조사이다.

새 단어

あそこに 鳥が います。 저기에 새가 있습니다.

部屋に 猫が います。 방에 고양이가 있습니다.

花屋の 前に パン屋が あります。 꽃집 앞에 빵집이 있습니다.

午後 3時に 試験が あります。 오후 3시에 시험이 있습니다.

鳥 새
部屋 방
猫 고양이
花屋 꽃집
パン屋 빵집

## 4 　위치 표현

| 上 | 中 | 下 | 前 | 後ろ | 左 | 右 | 隣 | 横 |
|---|---|---|---|---|---|---|---|---|
| うえ | なか | した | まえ | うし | ひだり | みぎ | となり | よこ |
| 위 | 가운데 | 밑, 아래 | 앞 | 뒤 | 왼쪽 | 오른쪽 | 옆 | 옆 |

机の 上に ふでばこが あります。 책상 위에 필통이 있습니다.

バスの 中に 人が たくさん います。 버스 안에 사람이 많이 있습니다.

郵便局の となりに 銀行が あります。 우체국 옆에 은행이 있습니다.

새 단어

ふでばこ 필통

バス 버스

人 사람

たくさん 많이

## 5 조수사

고유수사

| いくつ 몇 개 | ひとつ | ふたつ | みっつ | よっつ | いつつ |
|---|---|---|---|---|---|
| | むっつ | ななつ | やっつ | ここのつ | とお |

**여러 가지 조수사**

| ~人 | 1人 | 2人 | 3人 | 4人 | 5人 |
|---|---|---|---|---|---|
| ~명 | ひとり | ふたり | さんにん | よにん | ごにん |
| 6人 | 7人 | 8人 | 9人 | 10人 | 何人 |
| ろくにん | しちにん | はちにん | きゅうにん | じゅうにん | なんにん |

| ~個 | 1個 | 2個 | 3個 | 4個 | 5個 |
|---|---|---|---|---|---|
| ~개 | いっこ | にこ | さんこ | よんこ | ごこ |
| 6個 | 7個 | 8個 | 9個 | 10個 | 何個 |
| ろっこ | ななこ | はっこ | きゅうこ | じゅっこ | なんこ |

| ~枚 | 1枚 | 2枚 | 3枚 | 4枚 | 5枚 |
|---|---|---|---|---|---|
| ~장 | いちまい | にまい | さんまい | よんまい | ごまい |
| 6枚 | 7枚 | 8枚 | 9枚 | 10枚 | 何枚 |
| ろくまい | ななまい | はちまい | きゅうまい | じゅうまい | なんまい |

| ~階 | 1階 | 2階 | 3階 | 4階 | 5階 |
|---|---|---|---|---|---|
| ~층 | いっかい | にかい | さんがい | よんかい | ごかい |
| 6階 | 7階 | 8階 | 9階 | 10階 | 何階 |
| ろっかい | ななかい | はっかい | きゅうかい | じゅっかい | なんがい |

| ~冊 | 1冊 | 2冊 | 3冊 | 4冊 | 5冊 |
|---|---|---|---|---|---|
| ~권 | いっさつ | にさつ | さんさつ | よんさつ | ごさつ |
| 6冊 | 7冊 | 8冊 | 9冊 | 10冊 | 何冊 |
| ろくさつ | ななさつ | はっさつ | きゅうさつ | じゅっさつ | なんさつ |

## 문형 연습하기

보기와 같이 바꿔 봅시다.

**1**

> **보기** ここ / 先生の 部屋 ➡ <u>ここ</u>は <u>先生の 部屋</u>です。

① そこ / トイレ

➡ _____

② あそこ / ホテルの ロビー

➡ _____

③ ここ / 受付

➡ _____

**새단어** ❘ **ホテル** 호텔  **ロビー** 로비  **受付** 접수처

**2**

> **보기** 本 / 机 / 上 ➡ <u>本</u>は <u>机</u>の <u>上</u>に あります。
> 猫 / 机 / 下 ➡ <u>猫</u>は <u>机</u>の <u>下</u>に います。

① 薬局 / 病院 / となり

➡ _____

② デジカメ / かばん / 中

➡ _____

③ 母 / 図書館 / 前

➡ _____

**새단어** ❘ **薬局** 약국  **病院** 병원  **母** 어머니  **図書館** 도서관

보기

机 / 上 / えんぴつ / 3本

→ 机の 上に えんぴつが 3本 あります。

教室 / 中 / 学生 / 2人

→ 教室の 中に 学生が 2人 います。

① 本棚 / 中 / 本 / 8冊

→ _____

② 山本さん / 前 / 子ども / 3人

→ _____

③ 机 / 上 / ケーキ / いつつ

→ _____

④ 先生 / 横 / 学生 / 一人

→ _____

새단어 えんぴつ 연필  本棚 책장  子ども 어린이, 어린아이  ケーキ 케이크

보기  りんごを ください。 → ( なんこ ) ですか。

① ノートを ください。 → (          ) ですか。

② おにぎりを ください。 → (          ) ですか。

③ CDを ください。 → (          ) ですか。

④ 日本語の 本を ください。 → (          ) ですか。

## 회화 연습하기

보기와 같이 단어를 바꿔 말해 봅시다.

**1** 보기

> A: a 本は どこですか。
>
> B: b テーブルの 上に あります。
>
> A: c 何冊ですか。
>
> B: d 5冊です。

① a ジュース    b 冷蔵庫    c 何本    d 3本

② a りんご    b 箱の 中    c いくつ    d やっつ

③ a 葉書    b 雑誌の 横    c 何枚    d 2枚

**새 단어** テーブル 테이블   箱 상자

**2** 보기

> A: a 田中さんは どこですか。
>
> B: b あそこに c います。
>
> A: どこですか。
>
> B: d 校門の 前です。

① a ファイル    b そこ    c あります    d 机の 上

② a 犬    b そこ    c います    d ドアの 後ろ

③ a 鍵    b あそこ    c あります    d 引出しの 中

**새 단어** 校門 교문   犬 개   ドア 문   鍵 열쇠   引出し 서랍

# 듣기 연습하기

**1**  잘 듣고 빈칸을 채워 봅시다.

① A : かばんの 中<sup>なか</sup>に 何<sup>なに</sup>が ありますか。

B : かばんの (　　　　) に 本<sup>ほん</sup>が (　　　　) あります。

② A : 校門<sup>こう もん</sup>の 前<sup>まえ</sup>に 人<sup>ひと</sup>が 何人<sup>なん にん</sup> いますか。

B : 校門<sup>こう もん</sup>の (　　　　) に 人<sup>ひと</sup>が (　　　　) います。

③ A : テーブルの 上<sup>うえ</sup>に 何<sup>なに</sup>が ありますか。

B : テーブルの (　　　　) に みかんが (　　　　) あります。

**2**  잘 듣고 그림과 내용이 일치하면 ○, 틀리면 ×해 봅시다.

①

(　　　)

②

(　　　)

③

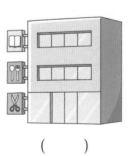

(　　　)

④

(　　　)

다음을 읽고 문제를 풀어 봅시다.

---

ここは 日本語の 教室で、そこは フランス語の 教室です。あそこは 英語の 教室です。金さんは 今、日本語の 教室に います。日本語の 教室に 日本語の 雑誌が 20冊 あります。雑誌は 本棚の 中に あります。

---

**1** 金さんは 今、どこに いますか。

① フランス語の 教室です。

② 英語の 教室です。

③ 日本語の 教室です。

④ 中国語の 教室です。

**2** 日本語の 雑誌は どこに ありますか。

① 本棚の 上に います。

② 本棚の 上に あります。

③ 本棚の 中に います。

④ 本棚の 中に あります。

새 단어 | フランス語 프랑스어

# 일본의 기후

일본은 남북으로 긴 지형적 특징으로 남쪽의 아열대 기후부터 북쪽의 아한대 기후까지 다양한 기후가 분포합니다.

## ❀ 봄

3월부터 전국적으로 따뜻해지는데 남쪽에서 벚꽃이 피기 시작하여 4월 초반에는 벚꽃이 만발합니다. 일본인은 이 때 벚꽃놀이(花見)를 즐깁니다. 벚꽃놀이는 벚꽃나무 아래에 모여 앉아 맛있는 음식을 먹으며 꽃을 감상하는 풍습입니다. 그리고 4월에는 새학기, 회계연도가 시작됩니다.

## ❀ 여름

일본의 여름은 습도가 높은 것이 특징입니다. 5월 말부터 7월에 걸쳐 장마가 있고 8월이 가장 덥습니다. 일본에서는 더위를 극복하기 위해 매년 7월부터 8월에 걸쳐 전국 각 지역에서 500회 이상의 불꽃놀이 축제가 개최됩니다.

## ❀ 가을

더위가 누그러지면서 대형 태풍이 많이 발생합니다. 10월이 되고 태풍 시즌이 지나면 단풍이 물들기 시작하여 가을이 절정에 이릅니다. 사람들은 단풍명소에 가거나 등산을 하는 등 단풍 놀이를 즐깁니다.

## ❀ 겨울

일본의 가장 북쪽에 위치한 홋카이도(北海道)는 일본에서 눈이 많이 내리는 지역입니다. 매년 2월에는 홋카이도의 삿포로(札幌)에서 눈축제가 열립니다. 눈축제에서는 눈과 얼음으로 만든 약250여 개의 크고 작은 조각상이 전시됩니다.

# 8과

# 李さんの ふるさとは
# 暑いですか

い형용사를 배워 봅시다.

미리 보기

① 家は 遠いですね。

② 朴さんの 家より 遠く ないです。

③ 安くて、とても おいしいです。

④ 先生の 新しい 車です。

**1**

A: これは 何<sup>なん</sup>ですか。

B: 先生<sup>せんせい</sup>の 新<sup>あたら</sup>しい 車<sup>くるま</sup>です。

**2**

A: 天気<sup>てんき</sup>は どうですか。

B: あまり 暑<sup>あつ</sup>く ないです。

**3**

A: 学校<sup>がっこう</sup>の 食堂<sup>しょくどう</sup>は おいしいですか。

B: はい、安<sup>やす</sup>くて、とても おいしいです。
でも、人<sup>ひと</sup>が 多<sup>おお</sup>いです。

**4**

A: 李<sup>イ</sup>さんの 家<sup>いえ</sup>は 遠<sup>とお</sup>いですね。

B: ええ、でも 朴<sup>パク</sup>さんの 家<sup>いえ</sup>より 遠<sup>とお</sup>く ないです。

---

**새 단어**

新<sup>あたら</sup>しい 새롭다　あまり 그다지, 별로　暑<sup>あつ</sup>い 덥다　～くないです ～하지 않습니다　おいしい 맛있다　安<sup>やす</sup>い (값이) 싸다

～くて ～하고, ～해서　とても 너무, 매우　でも 하지만　多<sup>おお</sup>い 많다　家<sup>いえ</sup> 집　遠<sup>とお</sup>い 멀다　～ね ～군요　ええ 네, 예

～より ～보다

# 회화로 또! 확인하기

김우진과 야마모토 아키코가 고향 이야기를 하고 있습니다.

**山本** 今日も 暑いですね。

**金** ええ、でも 昨日より 暑く ないです。

**山本** ところで、金さんの ふるさとは 暑いですか。

**金** はい、今の 時期は まだ 暑いです。

**山本** どこですか。

**金** テグです。プサンの 北の 方に あります。

夏は とても 暑くて、冬は とても 寒いです。

山本さんの ふるさとは？

**山本** 広島です。雨が 少なくて、あたたかい ところです。

**새 단어**

ふるさと 고향　時期 시기　まだ 아직　テグ 대구〈지명〉　北 북　方 쪽　夏 여름　冬 겨울　寒い 춥다　広島 히로시마〈지명〉
雨 비　少ない 적다　あたたかい 따뜻하다　ところ 곳

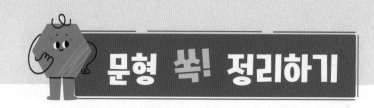

# 문형 쏙! 정리하기

## 1 い형용사

기본형이 「〜い」로 끝나는 형용사를 い형용사라고 한다. 단독으로 술어가 되고, 어미 활용을 한다.

### い형용사 일람표

| | | | |
|---|---|---|---|
| 大きい 크다 | 小さい 작다 | 明るい 밝다 | 暗い 어둡다 |
| 早い 이르다 | 遅い 늦다 | 深い 깊다 | 浅い 얕다 |
| 速い 빠르다 | 遅い 느리다 | 軽い 가볍다 | 重い 무겁다 |
| 高い 높다 | 低い 낮다 | 強い 강하다 | 弱い 약하다 |
| 高い 비싸다 | 安い 싸다 | 近い 가깝다 | 遠い 멀다 |
| おいしい 맛있다 | まずい 맛없다 | 熱い 뜨겁다 | 冷たい 차갑다 |
| 難しい 어렵다 | 易しい 쉽다 | 厚い 두껍다 | 薄い 얇다 |
| 新しい 새롭다 | 古い 낡다 | 太い 굵다 | 細い 가늘다 |
| 長い 길다 | 短い 짧다 | 多い 많다 | 少ない 적다 |
| 広い 넓다 | 狭い 좁다 | 暑い 덥다 | 寒い 춥다 |
| おもしろい 재미있다 | つまらない 재미없다 | あたたかい 따뜻하다 | すずしい 서늘하다 |
| うれしい 기쁘다 | 悲しい 슬프다 | 良い 좋다 | 悪い 나쁘다 |
| 白い 하얗다 | 黒い 검다 | 青い 파랗다 | 赤い 빨갛다 |
| 黄色い 노랗다 | 茶色い 갈색이다 | にがい 쓰다 | 甘い 달다 |
| からい 맵다 | すっぱい 시다 | しょっぱい 짜다 | しぶい 떫다 |
| 美しい 아름답다 | かわいい 귀엽다 | 優しい 상냥하다 | すばらしい 훌륭하다 |
| おかしい 이상하다 | 汚い 더럽다 | 忙しい 바쁘다 | うるさい 시끄럽다 |
| 若い 젊다 | 楽しい 즐겁다 | 危ない 위험하다 | 痛い 아프다 |
| ない 없다 | | | |

**2** ## 〜い＋です / ですか  〜합니다 / 〜합니까?

い형용사의 기본형에 「〜です」가 붙으면 정중한 표현이 되고, 「〜ですか」가 붙으면 의문문이 된다.

今日は 天気が いいです。 오늘은 날씨가 좋습니다.

日本語は とても おもしろいです。 일본어는 매우 재미있습니다.

北海道は 寒いですか。 홋카이도는 춥습니까?

先生の 研究室は 広いですか。 선생님의 연구실은 넓습니까?

**새 단어**

いい 좋다
北海道 홋카이도
研究室 연구실
広い 넓다

**3** ## 〜ね  〜군요

문장 끝에 붙는 종조사로, 상대방에게 동의를 구하거나 감탄의 기분을 나타낼 때 사용한다.

今日は 暑いですね。 오늘은 덥군요.

この 時計は 高いですね。 이 시계는 비싸군요.

この カレーは あまり からく ありませんね。
이 카레는 별로 맵지 않군요.

大学は けっこう 遠いですね。 대학은 꽤 멀군요.

**새 단어**

からい 맵다

けっこう 꽤, 상당히

## 4 　〜より　~보다

「〜より」는 비교를 나타내는 조사로 '~보다'라는 뜻을 나타낸다.

今日は 昨日より 寒いです。 오늘은 어제보다 춥습니다.

この バッグは その バッグより 値段が 高いです。
이 가방은 저 가방보다 가격이 비쌉니다.

電車は バスより 速いです。 전철은 버스보다 빠릅니다.

これより 広い 部屋は ありませんか。 이것보다 넓은 방은 없습니까?

## 5 　〜い → 〜く ないです　~하지 않습니다
### (＝〜く ありません)

「い형용사 + です」의 부정형은 い형용사의 어미 「い」를 떼고, 「〜く ないです」 또는 「〜く あ
りません」을 붙이면 부정의 정중한 표현이 된다. 단, 「いい」의 정중한 부정형은 「よく ないで
す(＝よく ありません)」가 된다.

天気が よく ないです。 날씨가 좋지 않습니다.

あの 車は 高く ないです。 저 차는 비싸지 않습니다.

日本語の 試験は 難しく ありません。 일본어 시험은 어렵지 않습니다.

この パスタは あまり おいしく ありません。
이 파스타는 그다지 맛있지 않습니다.

## 6 　～い ➡ ～くて　～하고, ~해서, ~하니

い형용사를 두 개 이상 나열하거나 다른 품사와 연결할 때는 い형용사의 어미「い」를 떼고「～くて」를 붙인다. 단, 「いい」는「よくて」가 된다.

学校の　食堂は　安くて、おいしいです。　학교 식당은 싸고 맛있습니다.

朴さんは　背が　高くて、かっこいいです。
박 씨는 키가 크고 멋있습니다.

この　部屋は　安くて　いいです。　이 방은 싸고 좋습니다.

山田さんは　頭が　よくて、かわいいです。
야마다 씨는 머리가 좋고 귀엽습니다.

**새단어**

背 키

背が高い 키가 크다

かっこいい 멋있다

頭 머리

かわいい 귀엽다

## 7 　～い＋명사　～한 + 명사

い형용사가 명사를 수식할 때는 い형용사의 기본형 그대로 뒤에 오는 명사를 수식한다.

金さんは　優しい　人です。　김 씨는 상냥한 사람입니다.

ここに　おもしろい　本が　あります。　여기에 재미있는 책이 있습니다.

あの　赤い　服を　ください。　저 빨간 옷을 주세요.

おいしい　ものが　たくさん　あります。　맛있는 것이 많이 있습니다.

**새단어**

優しい
상냥하다, 부드럽다

おもしろい 재미있다

赤い 붉다, 빨갛다

服 옷

もの 것

## 문형 연습하기

보기와 같이 바꿔 봅시다.

**1**

> **보기** これは 花<sup>はな</sup>です / 赤<sup>あか</sup>いです ➡ これは <u>赤<sup>あか</sup>い 花<sup>はな</sup></u>です。

① それは りんごです / おいしいです

➡ _____

② これは 鳥<sup>とり</sup>です / 白<sup>しろ</sup>いです

➡ _____

③ あれは 図書館<sup>としょかん</sup>です / 大<sup>おお</sup>きいです

➡ _____

새단어 花<sup>はな</sup> 꽃

**2**

> **보기** この 部屋<sup>へや</sup> / 汚<sup>きたな</sup>い / 狭<sup>せま</sup>い
> ➡ <u>この 部屋<sup>へや</sup></u>は <u>汚<sup>きたな</sup>くて 狭<sup>せま</sup>い</u>です。

① 彼女<sup>かのじょ</sup> / 優<sup>やさ</sup>しい / かわいい

➡ _____

② この 教室<sup>きょうしつ</sup> / 明<sup>あか</sup>るい / 広<sup>ひろ</sup>い

➡ _____

③ 本田先生<sup>ほんだせんせい</sup> / 若<sup>わか</sup>い / かっこいい

➡ _____

**3**

보기

日本語の 勉強 / おもしろい

→ A: 日本語の 勉強は どうですか。

B1: とても おもしろいです。

B2: あまり おもしろく ないです。

① この ケータイ / いい

→ _____

② この パン / おいしい

→ _____

③ 英語の テスト / 難しい

→ _____

새 단어 **勉強** 공부  **パン** 빵

**4**

보기

電車 / バス / 速い → 電車は バスより 速いです。

① 英語の 辞書 / 日本語の 辞書 / 高い

→ _____

② 研究室 / 事務室 / 広い

→ _____

③ ソウル / 東京 / 寒い

→ _____

새 단어 **事務室** 사무실

# 회화 연습하기

보기와 같이 단어를 바꿔 말해 봅시다.

**1** 보기

A: a <u>この コンビニ</u>は b <u>駅</u>より c <u>近い</u>ですね。

B: そうですね。

A: d <u>スーパー</u>も c <u>近い</u>ですか。

B: いいえ、あまり c <u>近く</u> ないです。

① a ソウルの 冬　　b 東京の 冬　　c 寒い　　d プサンの 冬

② a 日本語　　　　b 英語　　　　c やさしい　　d 中国語

③ a ここ　　　　　b 会議室　　　c 広い　　　　d 事務室

새 단어 駅 역

**2** 보기

A: これは どうですか。

B: a <u>かわいい</u> b <u>服</u>ですね。

A: a <u>かわいくて</u> c <u>安い</u>です。

B: じゃ、これに します。

① a 軽い　　　　b かばん　　　c 大きい

② a 小さい　　　b ケータイ　　c 薄い

③ a 新しい　　　b 車　　　　　c かっこいい

# 듣기 연습하기

**1** 잘 듣고 빈칸을 채워 봅시다.

① A: 林さんの ふるさとは どうですか。

B: 私の ふるさとは (　　　　　　　　　　　　)。

② A: 花屋に 何の 花が ありますか。

B: (　　　　　　　　　　　　) 花が あります。

③ A: その パスタは どうですか。

B: この パスタは (　　　　　　　　　　)。

④ A: これは どうですか。

B: (　　　　　　　　　　　　) は ありませんか。

**2** 잘 듣고 그림과 내용이 맞으면 O, 틀리면 ×해 봅시다.

①

(　　　)

②

(　　　)

③

(　　　)

④

(　　　)

다음을 읽고 문제를 풀어 봅시다.

山本さんの ふるさとは 広島です。雨が 少なくて、あたたかい ところです。李さんの ふるさとは テグです。夏は 広島より 暑いです。冬は とても 寒いです。でも、雪は 多く ないです。

**1** 山本さんの ふるさとは 雨が 多くて 寒いですか。

① はい、雨が 多くて 寒いです。

② いいえ、雨が 多くて あたたかいです。

③ はい、雨が 少なくて 寒いです。

④ いいえ、雨が 少なくて あたたかいです。

**2** 李さんの ふるさとは 山本さんの ふるさとより 暑いですか。

① はい、暑いです。

② はい、暑くないです。

③ いいえ、暑いです。

④ いいえ、暑くないです。

새 단어 雪 눈

110

# 9과

キム
金さんは 野球が
す
好きですか

な형용사를 배워 봅시다.

# 미리 보기

① 乗り換えが 複雑で 不便ですよ。
② 嫌いな 食べ物は 何ですか。
③ バスケットボールが 好きですか。
④ 前は 好きでしたが、今は 好きじゃ ないです。

**1**

A: 地下鉄は どうですか。

B: 乗り換えが 複雑で 不便ですよ。

**2**

A: 歌は 上手ですか。

B: いいえ、上手じゃ ないです。

**3**

A: 嫌いな 食べ物は 何ですか。

B: 嫌いな 食べ物は あまり ありません。

**4**

A: バスケットボールが 好きですか。

B: 前は 好きでしたが、今は 好きじゃ ないです。

**새 단어**

地下鉄 지하철　乗り換え 환승　不便だ 불편하다　～よ ～요, ～군요　歌 노래　上手だ 능숙하다, 잘하다　嫌いだ 싫어하다
食べ物 음식　バスケットボール 농구　好きだ 좋아하다　～が ～만, ～인데

김우진과 야마모토 아키코가 히로시마와 좋아하는 스포츠에 관해 이야기하고 있습니다.

金　広島？ たこ焼きが 有名ですか。

山本　いいえ、たこ焼きは 有名じゃ ないです。
　　　お好み焼きが 有名です。安くて、おいしいですよ。

金　へえ、有名な 観光地は ありますか。

山本　厳島神社が あります。
　　　神社の 近くに きれいで 美しい 海も ありますよ。

金　他には 何が 有名ですか。

山本　プロ野球チームが 有名です。
　　　金さんは 野球が 好きですか。

金　いいえ、前は 野球が 好きでしたが、今は サッカーが
　　好きです。

---

새 단어

たこ焼き 다코야키　有名だ 유명하다　へえ 감탄이나 놀람을 나타내는 말　観光地 관광지　厳島神社 이쓰쿠시마 신사

神社 신사　近く 근처, 가까운 곳　きれいだ 깨끗하다, 예쁘다　海 바다　他 그 밖, 이외　～には ～에는　プロ野球 프로야구

チーム 팀　サッカー 축구

## 1 な형용사

な형용사는 기본형이 「～だ」로 끝나는데, 명사를 수식할 때 어미가 「～な」로 바뀌는 것에서 な형용사라고 부른다. い형용사와 마찬가지로 단독으로 술어가 되고, 어미 활용을 한다.

**な형용사 일람표**

| | | |
|---|---|---|
| 親切<sub>しんせつ</sub>だ 친절하다 | 真面目<sub>まじめ</sub>だ 성실하다 | 上手<sub>じょうず</sub>だ 능숙하다, 잘하다 |
| 不親切<sub>ふしんせつ</sub>だ 불친절하다 | 不真面目<sub>ふまじめ</sub>だ 불성실하다 | 下手<sub>へた</sub>だ 서툴다, 못하다 |
| 好<sub>す</sub>きだ 좋아하다 | 便利<sub>べんり</sub>だ 편리하다 | 簡単<sub>かんたん</sub>だ 간단하다 |
| 嫌<sub>きら</sub>いだ 싫어하다 | 不便<sub>ふべん</sub>だ 불편하다 | 複雑<sub>ふくざつ</sub>だ 복잡하다 |
| 元気<sub>げんき</sub>だ 건강하다, 활발하다 | 丈夫<sub>じょうぶ</sub>だ 튼튼하다 | きれいだ 예쁘다, 깨끗하다 |
| ハンサムだ 잘생기다 | すてきだ 멋지다 | 立派<sub>りっぱ</sub>だ 훌륭하다 |
| 大好<sub>だいす</sub>きだ 매우 좋아하다 | 大丈夫<sub>だいじょうぶ</sub>だ 괜찮다 | 有名<sub>ゆうめい</sub>だ 유명하다 |
| 大切<sub>たいせつ</sub>だ 소중하다 | 重要<sub>じゅうよう</sub>だ 중요하다 | 必要<sub>ひつよう</sub>だ 필요하다 |
| 十分<sub>じゅうぶん</sub>だ 충분하다 | 楽<sub>らく</sub>だ 편하다 | 暇<sub>ひま</sub>だ 한가하다 |
| 新鮮<sub>しんせん</sub>だ 신선하다 | 静<sub>しず</sub>かだ 조용하다 | にぎやかだ 번화하다, 떠들썩하다 |
| 心配<sub>しんぱい</sub>だ 걱정이다 | 大変<sub>たいへん</sub>だ 힘들다, 큰일이다 | だめだ 소용없다, 안 된다 |
| 嫌<sub>いや</sub>だ 싫다 | 得意<sub>とくい</sub>だ 잘하다, 숙달되어 있다 | |

## 2 ～だ → ～です / ですか ~합니다 / ~합니까?

な형용사는 기본형의 어미 「～だ」를 「～です」로 바꾸면 긍정의 정중한 표현이 되고, 「～ですか」로 바꾸면 의문문이 된다.

富士山<sub>ふじさん</sub>は 有名<sub>ゆうめい</sub>です。 후지산은 유명합니다.

ケータイは 便利<sub>べんり</sub>です。 휴대폰은 편리합니다.

日曜日<sub>にちようび</sub>は 暇<sub>ひま</sub>ですか。 일요일은 시간이 있습니까?

お父<sub>とう</sub>さんは お元気<sub>げんき</sub>ですか。 아버지는 건강하십니까?

**새 단어**

富士山<sub>ふじさん</sub> 후지산
暇<sub>ひま</sub>だ 한가하다
お父<sub>とう</sub>さん 아버지
元気<sub>げんき</sub>だ 건강하다

**3** **～だ ➡ じゃ(では) ないです** ~하지 않습니다
**(＝～じゃ(では) ありません)**

な형용사 어간에 「～じゃ(では) ないです」나 「～じゃ(では) ありません」을 붙이면 부정의 정중한 표현이 된다. 과거형은 「～じゃ(では) なかったです」나 「～じゃ(では) ありませんでした」가 된다.

歌は 上手じゃ ないです。 노래는 잘 못합니다.

この いすは 丈夫じゃ ないです。 이 의자는 튼튼하지 않습니다.

ソウルは 静かじゃ ありません。 서울은 조용하지 않습니다.

彼は まじめじゃ なかったです。 그는 성실하지 않았습니다.

部屋は きれいじゃ ありませんでした。 방은 깨끗하지 않았습니다.

**새 단어**

いす 의자
丈夫だ 튼튼하다
静かだ 조용하다
まじめだ 성실하다

**4** **～よ** ~(군)요

문장 끝에 붙는 종조사로, 상대방이 모르는 사실을 알려주거나 자기의 판단과 의견 등을 강조할 때 쓴다.

明日は 休みですよ。 내일은 쉬는 날이군요.

この パンは おいしいですよ。 이 빵은 맛있군요.

この ジュースは あまく ないですよ。 이 주스는 달지 않아요.

## 5　～だ → な＋명사　~한＋명사

な형용사가 명사를 수식할 때는 な형용사의 어미「だ」를「な」로 바꾼다.

金さんは まじめな 人です。 김 씨는 성실한 사람입니다.
あの 人は 有名な 歌手です。 저 사람은 유명한 가수입니다.
これは 丈夫な 車です。 이것은 튼튼한 차입니다.
新幹線は 便利な 乗り物です。 신칸센은 편리한 교통수단입니다.

**새 단어**

歌手 가수
新幹線 신칸센
乗り物 탈것, 교통수단

## 6　～だ → ～で　~하고, ~해서, ~하니

な형용사를 두 개 이상 나열하거나 다른 품사와 연결할 때는 な형용사의 어미「だ」를「で」로 바꾼다.

山田さんは 親切で まじめです。 야마다 씨는 친절하고 성실합니다.
新幹線は 便利で 速いです。 신칸센은 편리하고 빠릅니다.
新宿は にぎやかで 人が 多いです。 신주쿠는 번화하고 사람이 많습니다.

**새 단어**

新宿 신주쿠〈지명〉
にぎやかだ
번화하다, 떠들썩하다

## 7　～が 好きです / 嫌いです　~을(를) 좋아합니다 / 싫어합니다

な형용사「好きだ, 嫌いだ, 上手だ, 下手だ」는 목적격 조사「～を」를 쓰지 않고 주격 조사「～が」를 쓰는 점에 주의한다.

私は 特に 紅茶が 好きです。 나는 특히 홍차를 좋아합니다.
市川先生は 運動が 嫌いです。 이치카와 선생님은 운동을 싫어합니다.

**새 단어**

特に 특히
運動 운동
妹 여동생

116

妹 は テニスが 上手です。 여동생은 테니스를 잘 칩니다.

私は 歌が 下手です。 저는 노래를 못합니다.

## 8 ～だ ➡ ～でした ~았(었)습니다

な 형용사 어간에「～でした」를 붙이면 과거 정중 표현이 된다. 명사에「～でした」를 붙여도 '～이었습니다'의 과거 정중표현이 된다.

彼女が 好きでした。 그녀를 좋아했습니다.

引っ越しは 大変でした。 이사는 힘들었습니다.

昨日は 休みでした。 어제는 휴일이었습니다.

おもしろい 本でした。 재미있는 책이었습니다.

**새 단어**

引っ越し 이사
大変だ 힘들다, 큰일이다

## 9 ～が、～ ~만, ~인데

두 문장을 연결하는 접속조사로 역접관계를 나타낸다.「～です」,「～ます」,「～でした」뒤에 붙기도 하고, 기본형에 붙기도 한다.

今日は 日曜日ですが、 休みじゃ ないです。
오늘은 일요일입니다만, 휴일이 아닙니다.

新幹線は 便利ですが、 高いです。 신칸센은 편리합니다만, 비쌉니다.

この 食べものは 前は 嫌いでしたが、 今は 好きです。
이 음식은 전에는 싫어했습니다만, 지금은 좋아합니다.

**새 단어**

休み 휴일, 쉬는 날

# 문형 연습하기

보기와 같이 바꿔 봅시다.

**1**

| 보기 | これ / 丈夫だ / かばん ➡ これは 丈夫な かばんです。 |
|------|--------------------------------------------------|

① 済州島 / 有名だ / 観光地

➡ _____

② この 指輪 / 大切だ / もの

➡ _____

③ 田中さん / 元気だ / 人

➡ _____

**새단어** 済州島 제주도　指輪 반지

**2**

| 보기 | 東京は 静かですか。 ➡ はい、静かです。<br>　　　　　　　　　　　　 いいえ、静かじゃ ないです。 |
|------|--------------------------------------------------|

① ケータイは 便利ですか。

➡ _____

② この アプリは 使い方が 簡単ですか。

➡ _____

③ 水泳が 好きですか。

➡ _____

**새단어** アプリ 앱　使い方 사용법　水泳 수영

**3**

> **보기** その店 / きれいだ / 静かだ
>
> ➡ その店は きれいで 静かでした。

① 地下鉄の 駅は / 複雑だ / 不便だ

➡ _____

② 山田さん / ハンサムだ / すてきだ

➡ _____

③ 木村さん / 歌が 好きだ / 上手だ

➡ _____

**새 단어** 複雑だ 복잡하다  ハンサムだ 잘생기다  すてきだ 멋지다


**4**

> **보기** 日本語の 勉強 / 難しい / おもしろい
>
> ➡ 日本語の 勉強は 難しいですが、おもしろいです。

① 今週の 日曜日 / 休み / 暇じゃ ない

➡ _____

② 外国の 生活 / 大変だ / 楽しい

➡ _____

③ この 部屋 / 狭い / 静かだ

➡ _____

# 회화 연습하기

보기와 같이 단어를 바꿔 말해 봅시다.

**1**

보기

A: 田中さんは a カラオケが 好きですか。

B: はい、とても 好きです。

A: じゃ、b 歌は c 上手ですか。

B: いいえ、c 上手じゃ ないです。

① a 野球 　　　　 b スポーツ 　　　　 c 得意だ

② a 紅茶 　　　　 b コーヒー 　　　　 c 嫌いだ

③ a 映画 　　　　 b 日曜日 　　　　 c 暇だ

새단어 カラオケ 노래방　スポーツ 스포츠　得意だ 잘하다　映画 영화

**2**

보기

A: ここは a 新宿です。

B: b にぎやかで c すてきな d ところですね。

A: はい、でも 前は もっと c すてきでした。

B: そうですか。

① a 乗り換え駅 　　 b 複雑だ 　　 c 不便だ 　　 d 駅

② a 大学の 図書館 　 b 静かだ 　　 c 立派だ 　　 d 図書館

③ a 私の ふるさと 　 b きれいだ 　 c 静かだ 　　 d 場所

새단어 乗り換え駅 환승역　立派だ 훌륭하다

# 듣기 연습하기

**1** 잘 듣고 빈칸을 채워 봅시다.

① A: 今週の　土曜日は　どうですか。

　B: (　　　　　　　　　　　　　　　　　　　　　　　　).

② A: 鈴木さんは　野球が　好きですか。

　B: あまり　(　　　　　　　　　　　　　　　　　　　　　　　　).

③ A: 金先生は　親切な　先生ですか。

　B: はい。(　　　　　　　　　　　　　　　　　　　　　).

④ A: サッカーは　どうですか。

　B: (　　　　　　　　　　　　　　　　　　　　　　　　).

**2** 잘 듣고 야마다 씨가 현재 좋아하는 것을 적어 봅시다.

生ビール　　　ワイン　　　カレーライス

オムライス　　チーズケーキ　　コーヒー

たこ焼き　　　お好み焼き

(　　　　　　　　　　　　　　　　　　　　　　　　　　)

**새단어**　**生ビール** 생맥주　**カレーライス** 카레라이스　**オムライス** 오므라이스

広島は お好み焼きが 有名です。たこ焼きは 有名じゃ ないです。厳島神
社は きれいで 有名な 観光地です。広島には プロ野球チームも ありま
す。山本さんは その プロ野球チームが 好きです。李さんは 前は 野球
が 好きでしたが、今は、サッカーが 好きです。

**1** 広島は 何が 有名ですか。

① お好み焼きも たこ焼きも 有名です。

② お好み焼きも たこ焼きも 有名じゃ ないです。

③ お好み焼きは 有名ですが、たこ焼きは 有名じゃ ないです。

④ お好み焼きは 有名じゃ ありませんが、たこ焼きは 有名です。


**2** 李さんは 野球が 好きですか。

① はい、野球が 好きです。

② 前は 野球が 好きでしたが、今は サッカーが 好きです。

③ いいえ、水泳が 好きです。

④ 前は サッカーが 好きでしたが、今は 野球が 好きです。

# 10과

歌詞が とても
美しかったです

い형용사 과거형과 비교 표현을 배워 봅시다.

미리 보기

① とても おいしかったです。
② あまり 良く なかったです。
③ 弟さんと 妹さんと どちらが 背が 高いですか。
④ 弟より 妹の 方が 背が 高いです。
⑤ 使い方が 簡単ですから 便利です。

**1**

A: 食事は どうでしたか。

B: とても おいしかったです。

**2**

A: 昨日の 天気は 良かったですか。

B: いいえ、あまり 良く なかったです。

**3**

A: 弟さんと 妹さんと どちらが 背が 高いですか。

B: 弟より 妹の 方が 背が 高いです。

**4**

A: この 電子辞書は どうですか。

B: 使い方が 簡単ですから 便利です。

새 단어

食事 식사　どうでしたか 어땠습니까?　弟さん 남동생〈남의 가족을 부를 때〉　妹さん 여동생〈남의 가족을 부를 때〉

どちら 어느 쪽　電子辞書 전자사전　~から ~이므로, ~니까

이유리와 고바야시 히로유키가 한국과 일본의 노래에 대해 이야기하고 있습니다.

李　小林さんは　日本の　歌手と　韓国の　歌手と　どちらが　好きですか。

小林　日本の　歌手より　韓国の　歌手の　方が　好きです。
私の　母も　K-POPが　大好きです。
韓国の　歌手は　歌が　とても　上手ですから。
李さんは　どうですか。

李　私は　J-POPが　好きです。
日本語の　勉強の　きっかけは　日本の　歌ですから。

小林　何の　歌ですか。

李　『雪の華』です。歌詞が　とても　美しかったです。

小林　そうですか。歌詞は　難しく　なかったですか。

李　やさしい　歌詞ですから　そんなに　難しく　ありませんでした。

새단어

きっかけ 계기　歌詞 가사　そんなに 그렇게

10과　歌詞が　とても　美しかったです　　125

## 문형 쏙! 정리하기

**1** ### ～と ～と どちら(どっち)が ～ですか
~와~중 어느 쪽이~입니까?

두 가지를 비교해서 질문할 때 사용하는 표현이다. 대답할 때는「(～より) ～の 方が ～です」라고 한다.

**ラーメンと やきそばと どちらが 好きですか。**
라멘과 야키소바 중 어느 쪽을 좋아합니까?

**新幹線と 飛行機と どちらが 高いですか。**
신칸센과 비행기 중 어느 쪽이 비쌉니까?

**スーパーと コンビニと どちらが 便利ですか。**
슈퍼마켓과 편의점 중 어느 쪽이 편리합니까?

**日本語と 英語と どっちが 難しいですか。**
일본어와 영어 중 어느 쪽이 어렵습니까?

──── 새 단어 ────

**ラーメン** 라멘

**やきそば** 야키소바

**どっち** 어느 쪽

**2** ### (～より) ～の 方が ～です  (~보다) ~쪽이~입니다

두 가지를 비교해서 답하는 표현이다.「～より」는 생략할 수 있다.

**ラーメンより やきそばの 方が 好きです。**
라멘보다 야키소바 쪽을 좋아합니다.

**新幹線の 方が 高いです。** 신칸센 쪽이 비쌉니다.

**スーパーより コンビニの 方が 便利です。**
슈퍼마켓보다 편의점 쪽이 편리합니다.

**英語の 方が 難しいです。** 영어 쪽이 어렵습니다.

## 3 가족 명칭

| | 남에게 소개할 때 | 남의 가족을 부를 때 |
|---|---|---|
| 할아버지 | 祖父(そふ) | おじいさん |
| 할머니 | 祖母(そぼ) | おばあさん |
| 아버지 | 父(ちち) | お父(とう)さん |
| 어머니 | 母(はは) | お母(かあ)さん |
| 형/오빠 | 兄(あに) | お兄(にい)さん |
| 누나/언니 | 姉(あね) | お姉(ねえ)さん |
| 남동생 | 弟(おとうと) | 弟(おとうと) さん |
| 여동생 | 妹(いもうと) | 妹(いもうと) さん |

## 4 ～です＋から / ます＋から  ～이므로, ～니까

「～から」는 원인, 이유를 나타내는 접속조사이다. 정중한 표현 「～です」, 「～ます」, 「～ません」에 붙기도 하고 기본형에 붙기도 한다.

日本(にほん)の ドラマは おもしろいですから、好(す)きです。
일본 드라마는 재미있으니까 좋아합니다.

この スマホは 使(つか)い方(かた)が 簡単(かんたん)ですから、便利(べんり)です。
이 스마트폰은 사용 방법이 간단하므로 편리합니다.

今日(きょう)は 月末(げつまつ)ですから、いそがしいです。 오늘은 월말이라서 바쁩니다.

時間(じかん)が ありませんから、大変(たいへん)です。 시간이 없으니까 힘듭니다.

**새단어**

ドラマ 드라마

スマホ 스마트폰

月末(げつまつ) 월말

時間(じかん) 시간

## 5

## ～い ➡ ～かったです ~었습니다

い형용사의 기본형에서 어미「～い」를 떼고,「～かったです」를 붙이면 과거 정중 표현이 된다.
「いい」는「よかったです」가 된다.

<sub>きのう</sub>
昨日は とても 寒かったです。 어제는 매우 추웠습니다.

あそこの 食堂は おいしかったです。 저 식당은 맛있었습니다.

日本の 映画は おもしろかったです。 일본 영화는 재미있었습니다.

温泉旅行は よかったです。 온천 여행은 좋았습니다.

━━ 새 단어

温泉旅行 온천 여행

## ～い ➡ ～く なかったです ~하지 않았습니다
## (＝く ありませんでした)

い형용사의 기본형에서 어미「～い」를 떼고「～く なかったです」나「～く ありませんでし
た」를 붙이면 정중한 과거 부정 표현이 된다.

先週は 忙しく なかったです。 지난주는 바쁘지 않았습니다.

博物館は あまり 遠く なかったですよ。 박물관은 그다지 멀지 않았어요.

面接は 難しく なかったですか。 면접은 어렵지 않았습니까?

昨日の 天気は よく ありませんでした。 어제 날씨는 좋지 않았습니다.

━━ 새 단어

博物館 박물관
面接 면접

## 문형 연습하기

보기와 같이 바꿔 봅시다.

**1**

> 보기 　すしは おいしい → すしは おいしかったです。

① 天気<sup>てん き</sup>は いい

➡ _____

② 人<sup>ひと</sup>は 少<sup>すく</sup>ない

➡ _____

③ 旅行<sup>りょ こう</sup>は 楽<sup>たの</sup>しい

➡ _____

새단어 すし 초밥　旅行<sup>りょ こう</sup> 여행

**2**

> 　　映画<sup>えい が</sup>は おもしろかったですか。
>
> 보기 → はい、おもしろかったです。
>
> 　　いいえ、おもしろく なかったです。

① 九州<sup>きゅうしゅう</sup>は あたたかかったですか。

➡ _____

② 入場料<sup>にゅうじょうりょう</sup>は 高<sup>たか</sup>かったですか。

➡ _____

③ 景色<sup>けしき</sup>は よかったですか。

➡ _____

새단어 九州<sup>きゅうしゅう</sup> 규슈〈지명〉　入場料<sup>にゅうじょうりょう</sup> 입장료　景色<sup>けしき</sup> 경치

**3**

보기    車 / 地下鉄 / 便利だ  →  A: 車と 地下鉄と どちらが 便利ですか。
                                                 B: 車の 方が 便利です。

① 会議室 / 控え室 / 広い

➡ _____

② りんご / 梨 / 好きだ

➡ _____

③ 土曜日 / 日曜日 / 暇だ

➡ _____

새 단어   梨 배

**4**

보기

これは おいしい / 好きだ

➡ これは おいしいですから、好きです。

これは きれいだ / 高い

➡ これは きれいですから、高いです。

① 金さんは 背が 高い / かっこいい

➡ _____

② この 辞書は 小さい / 便利だ

➡ _____

③ ここは 有名だ / 人が 多い

➡ _____

# 회화 연습하기

보기와 같이 단어를 바꿔 말해 봅시다.

1 | 보기

A: a 焼きそばは どうでしたか。
B: とても b おいしかったです。
A: c 量は 多かったですか。
B: いいえ、c 量は 多く なかったです。

① a 温泉　　　　b 気持ちいい　　　c お湯は 熱い
② a ソウル旅行　　b 楽しい　　　　c 料理は からい
③ a 新幹線　　　　b 速い　　　　　c 料金は 安い

새 단어　**量** 양　**温泉** 온천　**気持ちいい** 기분 좋다　**お湯** 목욕물, 뜨거운 물　**料金** 요금

2 | 보기

A: a バスと b 地下鉄と どちらが c 便利ですか。
B: b 地下鉄の 方が c 便利です。
A: そうですか。

① a あの 靴　　　b この 靴　　　c かわいい
② a 木村さん　　　b 渡辺さん　　　c かっこいい
③ a 野球　　　　b サッカー　　　c 得意だ

# 듣기 연습하기

**1** 잘 듣고 빈칸을 채워 봅시다.

① A : 昨日は (　　　　　　　　　)。

　　B : いいえ、(　　　　　　　　　)。

② A : この デジカメの (　　　　　　) は どうですか。

　　B : とても (　　　　　) ですから、(　　　　　　) です。

③ A : 食堂は (　　　　　) ですか。

　　B : はい、とても (　　　　　)、(　　　　　) です。

④ A : (　　　　　) と (　　　　　) と どちらが 好きですか。

　　B : (　　　　　) より (　　　　　) の 方が 好きです。

**2** 잘 듣고 어떤 음식을 좋아하는지 골라 봅시다.

①　うどん

②　みそラーメン

③　しょうゆラーメン

④　チャンポン

金 (　　　) 　　山本 (　　　) 　　小林 (　　　)

**새단어** うどん 우동　みそラーメン 미소라멘　しょうゆラーメン 쇼유라멘　チャンポン 짬뽕

## 독해 연습하기

다음을 읽고 문제를 풀어 봅시다.

小林さんは 日本の 歌より 韓国の 歌が 大好きです。小林さんの お母さんも 韓国の 歌が 大好きです。李さんの 日本語の 勉強は 歌が きっかけでしたから 韓国の 歌より 日本の 歌の 方が 好きです。『雪の華』の 歌詞は 美しくて 難しく ありませんでした。

**1** 小林さんは 日本の 歌と 韓国の 歌と どちらが 好きですか。

① 韓国の 歌より 日本の 歌の 方が 好きです。

② 日本の 歌より 韓国の 歌の 方が 好きです。

③ 李さんも 日本の 歌の 方が 好きです。

④ 小林さんの お母さんも 韓国の 歌の 方が 好きです。

**2** 『雪の華』の 歌詞は 難しかったですか。

① はい。やさしい 歌詞ですから 難しかったです

② いいえ。やさしい 歌詞ですから 難しく なかったです。

③ はい。やさしい 歌詞ですから 難しいでした。

④ いいえ。やさしい 歌詞ですから 難しいでは なかったです。

# 일본의 면 요리

일본의 대표적인 면 요리로 우동, 라멘, 소바가 있습니다.

## ❀ 우동(うどん)

밀가루에 소금물을 넣고 반죽해서 뽑은 오동통한 면발
과 가쓰오부시 육수에 간장으로 간을 한 요리입니다.
기쓰네우동(きつねうどん : 유부우동), 다누키우동(た
ぬきうどん : 튀김 부스러기를 넣은 우동), 덴푸라우
동(天ぷらうどん : 튀김우동) 등 넣는 재료에 따라 여
러 가지 우동이 있습니다.

## ❀ 라멘(ラーメン)

튀기지 않은 생면에 돼지뼈나 닭뼈로 우린 육수를 부
어 먹는 요리입니다. 육수 또는 간을 하는 재료에 따라
미소라멘(味噌ラーメン : 된장라멘), 쇼유라멘(醬油
ラーメン : 간장라멘), 시오라멘(塩ラーメン : 소금라
멘), 돈코츠 라멘(豚骨ラーメン : 돼지뼈라멘) 등이 있
습니다.

## ❀ 소바(そば)

메밀가루에 참마, 달걀 흰자 등을 넣고 반죽한 면입니
다. 면발이 가늘고 길어서 장수를 상징하는 음식입니
다. 뜨거운 국물을 부어 먹기도 하고, 장국에 찍어먹기
도, 각종 채소와 고기 등을 넣고 면을 볶아 먹기도 합니
다. 이사를 하거나 새해를 맞이할 때는 소바를 먹는 풍
습도 있습니다.

지시사

|  | こ | そ | あ | ど |
|---|---|---|---|---|
| 사물 | これ 이것 | それ 그것 | あれ 저것 | どれ 어느 것 |
| 장소 | ここ 여기 | そこ 거기 | あそこ 저기 | どこ 어디 |
| 방향 | こちら(=こっち) 이쪽 | そちら(=そっち) 그쪽 | あちら(=あっち) 저쪽 | どちら(=どっち) 어느 쪽 |
| 사람/사물 | この 이 | その 그 | あの 저 | どの 어느 |

형용사

| 종류 | い형용사 | な형용사 |
|---|---|---|
| 기본형 | ～い<br>예 広い 넓다 | ～だ<br>예 有名だ 유명하다 |
| 정중형 | ～い＋です<br>예 広いです 넓습니다 | ～だ ➡ ～です<br>예 有名です 유명합니다 |
| 명사수식형 | ～い＋명사<br>예 広い 部屋 넓은 방 | ～だ ➡ ～な＋명사<br>예 有名な 歌 유명한 노래 |
| 연결형 | ～い ➡ ～くて<br>예 広くて 넓고, 넓어서 | ～だ ➡ ～で<br>예 有名で 유명하고 |
| 부정형 | ～い ➡ ～く ないです<br>　　　　～く ありません<br>예 広く ないです(ありません)<br>넓지 않습니다 | ～だ ➡ ～じゃ(では) ないです<br>　　　　～じゃ(では) ありません<br>예 有名じゃ ないです(ありません)<br>유명하지 않습니다 |
| 과거형 | ～い ➡ ～かったです<br>예 広かったです 넓었습니다 | ～だ ➡ ～でした<br>예 有名でした 유명했습니다 |
| 과거부정형 | ～い ➡ ～く なかったです<br>　　　　～く ありませんでした<br>예 広く なかったです(ありません<br>でした) 넓지 않았습니다 | ～だ ➡ ～じゃ(では) なかったです<br>　　　　～じゃ(では) ありませんでした<br>예 有名じゃ なかったです(ありませんで<br>した) 유명하지 않았습니다 |

- います / いません　(사람, 동물이) 있습니다 / 없습니다

- あります / ありません　(사물이) 있습니다 / 없습니다

- ～に　～が　います / あります　～에 ～이(가) 있습니다

- ～ね　～(군)요 〈동의, 기분을 나타냄〉

- ～より　～보다

- ～が　好きです / 嫌いです　～을(를) 좋아합니다 / 싫어합니다

- ～よ　～요 〈강조할 때〉

- ～が、～　～만, ～인데

- ～と　～と　どちら(どっち)が　～ですか　～와 ～중 어느 쪽이 ～입니까?

- (～より)　～の　方が　～です　(～보다) ～쪽이 ～입니다

- ～です / ます＋から　～이므로, ～니까

**1** 보기와 같이 바꿔 봅시다.

| 보기 | りんご / 1 |
| --- | --- |
| | → <u>りんご</u>を <u>1個</u> ください。 |

① おにぎり / 6

→ _____

② 本 / 3

→ _____

③ シャツ / 2

→ _____

④ ボールペン / 8

→ _____

⑤ ジュース / 4

→ _____

**2**  그림을 보고 답을 써 봅시다.

① ベッドの 横に 何が ありますか。

➡ _____

② めがねは どこに ありますか。

➡ _____

③ テレビの 上に 本が ありますか。

➡ _____

④ かばんは どこに ありますか。

➡ _____

⑤ ねこは テレビの 後ろに いますか。

➡ _____

**3** 보기와 같이 쓰시오.

**보기**

この かばん / 大<sup>おお</sup>きい / 重<sup>おも</sup>い

→ これは 大<sup>おお</sup>きくて 重<sup>おも</sup>い かばんです。

この かばん / 大<sup>おお</sup>きい / 丈夫<sup>じょうぶ</sup>だ

→ これは 大<sup>おお</sup>きくて 丈夫<sup>じょうぶ</sup>な かばんです。

① その 車<sup>くるま</sup> / 新<sup>あたら</sup>しい / きれいだ

➡ _____

② この 辞書<sup>じしょ</sup> / 厚<sup>あつ</sup>い / 不便<sup>ふべん</sup>だ

➡ _____

③ あの コンピューター / 速<sup>はや</sup>い / 便利<sup>べんり</sup>だ

➡ _____

④ その 服<sup>ふく</sup> / 色<sup>いろ</sup>が いい / かわいい

➡ _____

⑤ この りんご / 甘<sup>あま</sup>い / おいしい

➡ _____

**4** 보기와 같이 바꿔 봅시다.

> 보기
>
> 展示会 / おもしろい / つまらない
> てんじかい
>
> ➡ A : 展示会は おもしろかったですか、つまらなかったですか。
> てんじかい
>
> B : とても おもしろかったです。
>
> とても おもしろい 展示会でした。
> てんじかい

① 映画 / おもしろい / つまらない
えいが

➡ _____

➡ _____

② テスト / 難しい / やさしい
むずか

➡ _____

➡ _____

③ 部屋 / 広い / 狭い
へや　ひろ　せま

➡ _____

➡ _____

④ かばん / 重い / 軽い
おも　かる

➡ _____

➡ _____

⑤ 車 / 新しい / 古い
くるま　あたら　ふる

➡ _____

➡ _____

**5** 보기와 같이 바꿔 봅시다.

> **보기**
>
> 天気は どうでしたか。 （ いい / 暑い ）
> ➡ <u>よかったです</u>が、<u>暑かったです</u>。
>
> タクシーは どうでしたか。 （ 便利だ / 高い ）
> ➡ <u>便利でした</u>が、<u>高かったです</u>。

① 店は どうでしたか。 （ きれいだ / うるさい ）

➡ _____

② 服は どうでしたか。 （ 色は いい / 大きい ）

➡ _____

③ 本は どうでしたか。 （ 長い / おもしろい ）

➡ _____

④ 先週の 土曜日は どうでしたか。 （ 忙しい / 楽しい ）

➡ _____

⑤ 食事は どうでしたか。 （ おいしい / 量が 少ない ）

➡ _____

**6**  다음을 읽고 일본어로 써 봅시다.

① 김 씨 옆에 아무도 없습니다.

➡ _____

② 사무실에 사람이 6명 있습니다.

➡ _____

③ 신칸센은 빠르고 편리합니다만 비쌉니다.

➡ _____

④ 선생님의 새 차는 어디에 있습니까?

➡ _____

⑤ 이 방은 크지 않기 때문에 쌌습니다.

➡ _____

⑥ 전에는 스포츠를 좋아했습니다만, 지금은 노래를 좋아합니다.

➡ _____

⑦ 그런데 내일 날씨는 어떻습니까?

➡ _____

⑧ 몸에 좋기 때문에 커피보다 인삼차(人参茶)를 좋아합니다.

➡ _____

⑨ 은행은 그다지 멀지 않았습니다.

➡ _____

⑩ 이번 주 토요일은 휴일이 아니었습니다만, 다음 주 토요일은 휴일입니다.

➡ _____

# 부록

정답

스크립트

## 1과 (p.20)

3 ① ねこ
　② くるま
　③ いぬ
　④ すいか
　⑤ かさ

4 ① レモン
　② ミルク
　③ トマト
　④ テスト
　⑤ メロン

5 ① ソ
　② フ
　③ ン
　④ ワ
　⑤ ミ
　⑥ ツ

6 ① テニス
　② ワイン
　③ ホテル
　④ つくえ
　⑤ ひよこ
　⑥ さくら

## 3과

### 문형 연습하기 (p.41)

1 ① 田中さんは　会社員です。
　② 金さんは　韓国人です。
　③ 渡辺さんは　日本人です。

2 ① A：田中さんは　会社員ですか。
　　B：はい、会社員です。
　② A：山田さんは　医者ですか。
　　B：はい、医者です。
　③ A：崔さんは　韓国人ですか。
　　B：はい、韓国人です。

3 ① A：林さんは　先生ですか。
　　B：いいえ、林さんは　先生じゃ　ありません。
　　　会社員です。
　② A：朴さんは　大学生ですか。
　　B：いいえ、朴さんは　大学生じゃ　ありません。
　　　高校生です。
　③ A：リュウさんは　日本人ですか。
　　B：いいえ、リュウさんは　日本人じゃ　ありません。中国人です。

4 ① 山田さんは　日本人で　銀行員です。
　② マイケルさんは　アメリカ人で　英語教師です。
　③ クリスさんは　イギリス人で　主婦です。

### 회화 연습하기 (p.43)

1 ① A：はじめまして。山田です。
　　　よろしく　お願いします。
　　B：はじめまして。宋です。
　　　こちらこそ　よろしく　お願いします。
　　A：宋さんは　韓国人ですか。
　　B：はい、私は　韓国人です。
　② A：はじめまして。崔です。
　　　よろしく　お願いします。
　　B：はじめまして。渡辺です。
　　　こちらこそ　よろしく　お願いします。
　　A：渡辺さんは　会社員ですか。
　　B：はい、私は　会社員です。
　③ A：はじめまして。鈴木です。
　　　よろしく　お願いします。
　　B：はじめまして。ジョンです。
　　　こちらこそ　よろしく　お願いします。
　　A：ジョンさんは　留学生ですか。
　　B：はい、私は　留学生です。

2 ① A：林さんは　韓国人ですか。
　　B：いいえ、韓国人じゃ　ありません。
　　A：日本人ですか。
　　B：はい、林さんは　日本人で　銀行員です。

② A：宋さんは　会社員ですか。

B：いいえ、会社員じゃ ありません。

A：大学生ですか。

B：はい、宋さんは　大学生で ２年生です。

③ A：クリスさんは イギリス人ですか。

B：いいえ、イギリス人じゃ ありません。

A：アメリカ人ですか。

B：はい、クリスさんは アメリカ人で 英語教師です。

## 듣기 연습하기 (p.44)

1 ① (はじめまして)。私は 山田ももこです。

(よろしく) お願いします。

② A：林さんは (先生)ですか。

B：いいえ、私は (先生)じゃ ありません。(会社員)です。

③ A：マイケルさんは (イギリス人)ですか。

B：いいえ、マイケルさんは (イギリス人じゃ ありません)。(アメリカ人)です。

④ A：宋さんは (学生)ですか。

B：はい、宋さんは (留学生)で、(韓国人)です。

2 ① A：田中さんは 日本人ですか。韓国人ですか。

B：田中さんは 日本人で、会社員です。

② A：マイケルさんは アメリカ人ですか。イギリス人ですか。

B：マイケルさんは アメリカ人で、英語教師です。

③ A：リュウさんは 韓国人ですか。中国人ですか。

B：リュウさんは 中国人で、会社員です。

④ A：山田さんは 銀行員ですか。医者ですか。

B：山田さんは 銀行員で、日本人です。

정답：①× ②× ③○ ④○

## 독해 연습하기 (p.45)

1 ③

2 ②

---

# 4과

## 문형 연습하기 (p.52)

1 ① それは 時計です。

② それは 傘です。

③ あれは テレビです。

2 ① A：これは 何ですか。

B：それは めがねです。

② A：それは 何ですか。

B：これは 辞書です。

③ A：あれは 何ですか。

B：あれは 車です。

3 ① それは 小林さんの 雑誌です。

② これは 山本さんの ケータイです。

③ あれは 李さんの バッグです。

4 ① これは 日本の 切手です。

それも 日本の 切手です。

あれは 日本の 切手じゃ ありません。

② それは 先生の ボールペンです。

これも 先生の ボールペンです。

あれは 先生の ボールペンじゃ ありません。

③ あれは 日本の 新聞です。

これも 日本の 新聞です。

それは 日本の 新聞じゃ ありません。

## 회화 연습하기 (p.54)

1 ① A：これは 何ですか。

B：それは 辞書です。

A：英語の 辞書ですか。

B：はい、英語の 辞書です。

② A：それは 何ですか。

B：これは 切手です。

A：アメリカの 切手ですか。

B：はい、アメリカの 切手です。

③ A：あれは 何ですか。

B：あれは のりです。

A：韓国の のりですか。

B：はい、韓国の のりです。

2 ① A：田中さんの 辞書は どれですか。

B：これです。

A：それも 田中さんの 辞書ですか。

B：いいえ、これは 宋さんの 辞書です。

② A：田中さんの ボールペンは どれですか。

B：それです。

A：これも 田中さんの ボールペンですか。

B：いいえ、それは 林さんの ボールペンです。

③ A：田中さんの 傘は どれですか。

B：あれです。

A：あれも 田中さんの 傘ですか。

B：いいえ、あれは クリスさんの 傘です。

듣기 연습하기 (p.55)

1 ① A：それは 何ですか。

B：これは (時計)です。

② A：あれは 何ですか。

B：あれは (銀行)です。

③ A：あれは 何ですか。

B：(あれ)は (車)です。

④ A：これは 何ですか。

B：(それ)は (おみやげ)です。

2 ① A：これは 日本の 切手ですか。

B：はい、そうです。

② A：これは 英語の 雑誌ですか。

B：いいえ、英語の 雑誌じゃ ありません。
日本語の 雑誌です。

③ A：それは 韓国の おみやげですか。

B：いいえ、韓国の おみやげじゃ ありません。
日本の おみやげです。

④ A：あれは テレビですか。

B：はい、あれは テレビです。

정답 : ① ○  ② ×  ③ ×  ④ ○

독해 연습하기 (p.56)

1 ①

2 ④

## 5과

문형 연습하기 (p.64)

1 ① A：この コーヒーは いくらですか。

B：600円です。

② A：その サンドイッチは いくらですか。

B：340円です。

③ A：あの 財布は いくらですか。

B：980円です。

2 ① トーストと コーヒーを ください。

② おにぎりと お茶を ください。

③ バナナと りんごを ください。

3 ① A：どれに しますか。

B：この 本に します。

② A：この 車に しますか。

B：いいえ、あの 車に します。

③ A：何に しますか。

B：パスタに します。

4 ① ろくじゅう

② はっぴゃくきゅうじゅう

③ にひゃくよんじゅういち

④ 15

⑤ 908

⑥ 374

회화 연습하기 (p.66)

1 ① A：バナナは いくらですか。

B：160円です。

A：じゃ、バナナと みかんを ください。

B：はい、ありがとうございます。
全部で ５２０円です。

② A：ノートは いくらですか。

B：８６円です。

A：じゃ、ノートと ファイルを ください。

B：はい、ありがとうございます。
全部で ２０７円です。

③ A：ハンバーガーは いくらですか。

B：３４０円です。

A：じゃ、ハンバーガーと ポテトを ください。

B：はい、ありがとうございます。
全部で ６００円です。

2 ① A：山本さん、その ノートは どうですか。

B：これは ちょっと……。

A：じゃ、手帳に しますか。

B：はい、手帳に します。

② A：山本さん、この 靴は どうですか。

B：それは ちょっと……。

A：じゃ、あの 靴に しますか。

B：はい、あの 靴に します。

③ A：山本さん、その コーヒーは どうですか。

B：コーヒーは ちょっと……。

A：じゃ、ジュースに しますか。

B：はい、ジュースに します。

## 듣기 연습하기 (p.67)

1 ① A：この りんごは いくらですか。
B：（９０）円です。

② A：サラダは いくらですか。
B：（４５０）円です。

③ A：ハンバーガーは いくらですか。
B：（３２０）円です。

2 ① A：何に しますか。
B：この 車に します。

② A：何に しますか。
B：紅茶に します。

③ A：どれに しますか。
B：ハンバーガーと コーラに します。

④ A：どれに しますか。
B：ブラウスと スカートに します。

정답 : ① ○　② ✕　③ ✕　④ ○

## 독해 연습하기 (p.68)

1 ③

2 ②

# 6과

## 문형 연습하기 (p.75)

1 ① 郵便局は ９時から ５時までです。

② デパートは 午前 １０時から 午後 ８時までです。

③ この 飛行機は 東京から ニューヨークまでです。

2 ① A：何の アルバイトですか。
B：家庭教師の アルバイトです。

② A：何の 雑誌ですか。
B：カメラの 雑誌です。

③ A：何の 番組ですか。
B：料理の 番組です。

3 ① ごご はちじ にじゅっぷん

② ごぜん じゅうじ よんじゅっぷん

③ ごご ろくじ ごじゅうにふん

4 ① 元日は いちがつ ついたちです。

② 山の日は はちがつ じゅういちにちです。

③ 文化の日は じゅういちがつ みっかです。

## 회화 연습하기 (p.77)

1 ① A：コンサートは 何時からですか。
B：５時からです。

A：何の コンサートですか。

B：クラシックの コンサートです。

② A：展示会は 何時からですか。

B：午前 9時からです。

A：何の 展示会ですか。

B：生け花の 展示会です。

③ A：試合は 何時からですか。

B：午前 10時 半からです。

A：何の 試合ですか。

B：テニスの 試合です。

2 ① A：誕生日は いつですか。

B：8月 1日です。鈴木さんは？

A：11月 4日です。

B：そうですか。今週の 月曜日ですね。

② A：誕生日は いつですか。

B：12月 2日です。鈴木さんは？

A：6月 8日です。

B：そうですか。今週の 金曜日ですね。

③ A：誕生日は いつですか。

B：7月 3日です。鈴木さんは？

A：10月 9日です。

B：そうですか。来週の 水曜日ですね。

## 듣기 연습하기 (p.78)

1 ① A：テストは いつから いつまでですか。

B：テストは （月曜日）から （金曜日）までです。

② A：銀行は 何時から 何時までですか。

B：銀行は （9時 半）から （4時 半）までです。

③ A：夏休みは いつから いつまでですか。

B：夏休みは （8月 1日）から （9月 30日）
までです。

2 ① A：スーパーは 何時から 何時までですか。

B：午前 9時から 午後 8時までです。

② A：銀行は 何曜日から 何曜日までですか。

B：銀行は 月曜日から 土曜日までです。

③ A：テニスの 試合は いつから いつまでですか。

B：5月 6日から 5月 10日までです。

정답 : ① ○ ② × ③ ×

## 독해 연습하기 (p.79)

1 ④

2 ①

## 종합 연습문제 (p.82)

1 ① この

② その

③ あれ

④ 私

2 ① どう

② いくら

③ いつ

④ 何

3 ① はちじ はん / はちじ さんじゅっぷん

② じゅういちじ ごふん

③ よじ じゅっぷん

④ にじ よんじゅういっぷん

4 ① A：それは 何ですか。B：雑誌です。

A：何の 雑誌ですか。B：カメラの 雑誌です。

A：誰の 雑誌ですか。B：小林さんの 雑誌です。

② A：それは 何ですか。B：辞書です。

A：何の 辞書ですか。B：英語の 辞書です。

A：誰の 辞書ですか。B：先生の 辞書です。

③ A：それは 何ですか。B：CDです。

A：何の CDですか。B：クラシックの CDです。

A：誰の CDですか。B：李さんの CDです。

④ A：それは 何ですか。B：ノートです。

A：何の ノートですか。B：料理の ノートです。

A：誰の ノートですか。B：母の ノートです。

5 ① はい、金さんは 学生です。

いいえ、金さんは 学生じゃ ありません。

② はい、李さんは 会社員です。

いいえ、李さんは 会社員じゃ ありません。

③ はい、ジュースは 1本 100円です。

いいえ、ジュースは 1本 100円じゃ ありません。

④ はい、授業は 来週の 火曜日からです。

いいえ、授業は 来週の 火曜日からじゃ ありません。

⑤ はい、これは 韓国の のりです。

いいえ、これは 韓国の のりじゃ ありません。

6 ① はじめまして。私は 山本です。

よろしく お願いします。

② 田中さんは 日本人で 私の 友だちです。

③ 私の 財布は これじゃ ないです。あれです。

④ 明日は 何の 授業ですか。

⑤ 夏休みは いつからですか。

⑥ 土曜日も 休みですか。

⑦ シュース 2本と コーラ 1本 ください。

⑧ 全部で 650円です。

⑨ この 靴は どうですか。

⑩ 郵便局は 午前 9時から 午後 5時までです。

## 7과

### 문형 연습하기 (p.93)

1 ① そこは トイレです。

② あそこは ホテルの ロビーです。

③ ここは 受付です。

2 ① 薬局は 病院の となりに あります。

② デジカメは かばんの 中に あります。

③ 母は 図書館の 前に います。

3 ① 本棚の 中に 本が 8冊 あります。

② 山本さんの 前に 子どもが 3人 います。

③ 机の 上に ケーキが いつつ あります。

④ 先生の 横に 学生が 一人 います。

4 ① 何冊 / 何個

② いくつ / 何個

③ 何枚

④ 何冊

### 회화 연습하기 (p.95)

1 ① A : ジュースは どこですか。
　 B : 冷蔵庫に あります。
　 A : 何本ですか。
　 B : 3本です。

② A : りんごは どこですか。
　 B : 箱の 中に あります。
　 A : いくつですか。
　 B : やっつです。

③ A : 葉書は どこですか。
　 B : 雑誌の 横に あります。
　 A : 何枚ですか。
　 B : 2枚です。

2 ① A : ファイルは どこですか。
　 B : そこに あります。
　 A : どこですか。
　 B : 机の 上です。

② A : 犬は どこですか。
　 B : そこに います。
　 A : どこですか。
　 B : ドアの 後ろです。

③ A : 鍵は どこですか。
　 B : あそこに あります。
　 A : どこですか。
　 B : 引出しの 中です。

### 듣기 연습하기 (p.96)

1 ① A : かばんの 中に 何が ありますか。
　 B : かばんの (中)に 本が (9冊) あります。

② A：校門の 前に 人が 何人 いますか。
　　B：校門の (前に) 人が (5人) います。
③ A：テーブルの 上に 何が ありますか。
　　B：テーブルの (上)に みかんが (やっつ) あ
　　　ります。
2 ① A：葉書は 何枚 ありますか。
　　B：3枚 あります。
② A：会議の 参加者は 何人ですか。
　　B：7人 います。
③ A：食堂は 何階ですか。
　　B：2階です。
④ A：りんごは 何個ですか。
　　B：3個です。

정답：① ×　② ○　③ ○　④ ×


독해 연습하기 (p.97)

1 ③

2 ④


## 8과

문형 연습하기 (p.106)

1 ① それは おいしい りんごです。
② これは 白い 鳥です。
③ あれは 大きい 図書館です。
2 ① 彼女は 優しくて かわいいです。
② この 教室は 明るくて 広いです。
③ 本田先生は 若くて かっこいいです。
3 ① A：この ケータイは どうですか。
　　B1：とても いいです。
　　B2：あまり よく ないです。
② A：この パンは どうですか。
　　B1：とても おいしいです。
　　B2：あまり おいしく ないです。

③ A：英語の テストは どうですか。
　　B1：とても 難しいです。
　　B2：あまり 難しく ないです。
4 ① 英語の 辞書は 日本語の 辞書より 高いです。
② 研究室は 事務室より 広いです。
③ ソウルは 東京より 寒いです。


회화 연습하기 (p.108)

1 ① A：ソウルの 冬は 東京の 冬より 寒いですね。
　　B：そうですね。
　　A：プサンの 冬も 寒いですか。
　　B：いいえ、あまり 寒く ないです。
② A：日本語は 英語より やさしいですね。
　　B：そうですね。
　　A：中国語も やさしいですか。
　　B：いいえ、あまり やさしく ないです。
③ A：ここは 会議室より 広いですね。
　　B：そうですね。
　　A：事務室も 広いですか。
　　B：いいえ、あまり 広く ないです。
2 ① A：これは どうですか。
　　B：軽い かばんですね。
　　A：軽くて 大きいです。
　　B：じゃ、これに します。
② A：これは どうですか。
　　B：小さい ケータイですね。
　　A：小さくて 薄いです。
　　B：じゃ、これに します。
③ A：これは どうですか。
　　B：新しい 車ですね。
　　A：新しくて かっこいいです。
　　B：じゃ、これに します。


듣기 연습하기 (p.109)

1 ① A：林さんの ふるさとは どうですか。
　　B：私の ふるさとは (寒いです)。

② A：花屋に 何の 花が ありますか。
　 B：(白くて 大きい) 花が あります。
③ A：その パスタは どうですか。
　 B：この パスタは あまり (おいしく ないで
　　　す)。
④ A：これは どうですか。
　 B：(それより 安い もの)は ありませんか。
2 ① A：山田さんの 靴は 白くて 古いです。
② A：山田さんの 車は 新しいですか。
　 B：いいえ、新しく ないです。
③ A：木村さんは 本田さんより 背が 高いですか。
　 B：はい、そうです。
④ A：赤い 本は 青い 本より 高いです。

정답：① ○　② ×　③ ○　④ ○

독해 연습하기 (p.110)

1 ④

2 ①

## 9과

### 문형 연습하기 (p.118)

1 ① 済州島は 有名な 観光地です。
② この 指輪は 大切な ものです。
③ 田中さんは 元気な 人です。
2 ① はい、便利です。/ いいえ、便利じゃ ないです。
② はい、簡単です。/ いいえ、簡単じゃ ないです。
③ はい、好きです。/ いいえ、好きじゃ ないです。
3 ① 地下鉄の 駅は 複雑で 不便です。
② 山田さんは ハンサムで すてきです。
③ 木村さんは 歌が 好きで 上手です。
4 ① 今週の 日曜日は 休みですが、暇じゃ ないです。
② 外国の 生活は 大変ですが、楽しいです。
③ この 部屋は 狭いですが、静かです。

### 회화 연습하기 (p.120)

1 ① A：田中さんは 野球が 好きですか。
　 B：はい、とても 好きです。
　 A：じゃ、スポーツは 得意ですか。
　 B：いいえ、得意じゃ ないです。
② A：田中さんは 紅茶が 好きですか。
　 B：はい、とても 好きです。
　 A：じゃ、コーヒーは 嫌いですか。
　 B：いいえ、嫌いじゃ ないです。
③ A：田中さんは 映画が 好きですか。
　 B：はい、とても 好きです。
　 A：じゃ、日曜日は 暇ですか。
　 B：いいえ、暇じゃ ないです。
2 ① A：ここは 乗り換え駅です。
　 B：複雑で 不便な 駅ですね。
　 A：はい、でも 前は もっと 不便でした。
　 B：そうですか。
② A：ここは 大学の 図書館です。
　 B：静かで 立派な 図書館ですね。
　 A：はい、でも 前は もっと 立派でした。
　 B：そうですか。
③ A：ここは 私の ふるさとです。
　 B：きれいで 静かな 場所ですね。
　 A：はい、でも 前は もっと 静かでした。
　 B：そうですか。

### 듣기 연습하기 (p.121)

1 ① A：今週の 土曜日は どうですか。
　 B：(休みですが、暇じゃ ないです)。
② A：鈴木さんは 野球が 好きですか。
　 B：あまり (好きじゃ ないです)。
③ A：金先生は 親切な 先生ですか。
　 B：はい。(親切で すてきな 先生です)。

④ A : サッカーは どうですか。

B :（前は 好きでしたが、今は 好きじゃ ない
です）。

2 山田さんは 生ビールが 好きですが、ワインは 好
きじゃ ないです。カレーライスは 好きですが、
オムライスは 嫌いです。
前は チーズケーキが 好きでしたが、今は 好きじゃ
ないです。コーヒーは 前は 嫌いでしたが、今は
好きです。たこ焼きは とても 好きですが、お好
み焼きは 好きじゃ ないです。
정답 : 生ビール, カレーライス, コーヒー, たこ焼き

독해 연습하기 (p.122)

1 ③

2 ②

## 10과

문형 연습하기 (p.129)

1 ① 天気は よかったです。

② 人は 少なかったです。

③ 旅行は 楽しかったです。

2 ① はい、あたたかかったです。

いいえ、あたたかく なかったです。

② はい、高かったです。

いいえ、高く なかったです。

③ はい、よかったです。

いいえ、よく なかったです。

3 ① A : 会議室と 控え室と どちらが 広いですか。
B : 会議室の 方が 広いです。

② A : りんごと 梨と どちらが 好きですか。
B : りんごの 方が 好きです。

③ A : 土曜日と 日曜日と どちらが 暇ですか。
B : 土曜日の 方が 暇です。

4 ① 金さんは 背が 高いですから、かっこいいです。

② この 辞書は 小さいですから、便利です。

③ ここは 有名ですから、人が 多いです。

회화 연습하기 (p.131)

1 ① A : 温泉は どうでしたか。

B : とても 気持ちよかったです。

A : お湯は 熱かったですか。

B : いいえ、お湯は 熱く なかったです。

② A : ソウル旅行は どうでしたか。

B : とても 楽しかったです。

A : 料理は からかったですか。

B : いいえ、料理は からく なかったです。

③ A : 新幹線は どうでしたか。

B : とても 速かったです。

A : 料金は 安かったですか。

B : いいえ、料金は 安く なかったです。

2 ① A : あの 靴と この 靴と どちらが かわいい
ですか。

B : この 靴の 方が かわいいです。

A : そうですか。

② A : 木村さんと 渡辺さんと どちらが かっこ
いいですか。

B : 渡辺さんの 方が かっこいいです。

A : そうですか。

③ A : 野球と サッカーと どちらが 得意ですか。

B : サッカーの 方が 得意です。

A : そうですか。

듣기 연습하기 (p.132)

1 ① A : 昨日は （暑かったですか）。

B : いいえ、（暑く なかったです）。

② A : この デジカメの （使い方）は どうですか。

B : とても （簡単）ですから、（便利）です。

③ A : 食堂は （おいしかった）ですか。

B : はい、とても （安くて）、（おいしかった）です。

④ A：(コーヒー)と (お茶)と どちらが 好きですか。

　 B：(コーヒー)より (お茶)の 方が 好きです。

2 金 ：山本さん、チャンポンと うどんと どちら
　　　　が 好きですか。

　 山本：私は チャンポンより うどんの 方が 好き
　　　　です。

　 金 ：小林さんも うどんが 好きですか。

　 小林：いいえ、私は うどんより ラーメンが 好
　　　　きです。

　 金 ：みそラーメンと しょうゆラーメンと どち
　　　　らが 好きですか。

　 小林：みそラーメンが 好きです。金さんは？

　 金 ：私は ラーメンより チャンポンが 好きです。

　 정답：金( ④ )，山本( ① )，小林( ② )

## 독해 연습하기 (p.133)

1 ②

2 ②

## 종합 연습문제 (p.137)

1 ① おにぎりを むっつ(6個)ください。
　 ② 本を 3冊 ください。
　 ③ シャツを 2枚 ください。
　 ④ ボールペンを 8本 ください。
　 ⑤ ジュースを 4本 ください。

2 ① 本だなが あります。
　 ② 机の 上に あります。
　 ③ いいえ、テレビの 上に 時計が あります。
　 ④ 机の 下に あります。
　 ⑤ いいえ、テレビの 前に います。

3 ① それは 新しくて きれいな 車です。
　 ② これは 厚くて 不便な 辞書です。
　 ③ あれは 速くて 便利な コンピューターです。
　 ④ それは 色が 良くて かわいい 服です。

⑤ これは 甘くて おいしい りんごです。

4 ① A：映画は おもしろかったですか、つまらな
　　　　かったですか。

　 B：とても おもしろかったです。
　　 とても おもしろい 映画でした。

　 ② A：テストは 難しかったですか、やさしかった
　　　　ですか。

　 B：とても 難しかったです。
　　 とても 難しい テストでした。

　 ③ A：部屋は 広かったですか、狭かったですか。

　 B：とても 広かったです。
　　 とても 広い 部屋でした。

　 ④ A：かばんは 重かったですか、軽かったですか。

　 B：とても 重かったです。
　　 とても 重い かばんでした。

　 ⑤ A：車は 新しかったですか、古かったですか。

　 B：とても 新しかったです。
　　 とても 新しい 車でした。

5 ① きれいでしたが、うるさかったです。
　 ② 色は よかったですが、大きかったです。
　 ③ 長かったですが、おもしろかったです。
　 ④ 忙しかったですが、楽しかったです。
　 ⑤ おいしかったですが、量が 少なかったです。

6 ① 金さんの 横に 誰も いません。
　 ② 事務室に 人が 6人 います。
　 ③ 新幹線は 速くて 便利ですが、高いです。
　 ④ 先生の 新しい 車は どこに ありますか。
　 ⑤ この 部屋は 大きく ないから 安かったです。
　 ⑥ 前は スポーツが 好きでしたが、今は 歌が 好
　　　きです。
　 ⑦ ところで 明日の 天気は どうですか。
　 ⑧ 体に いいですから コーヒーより 人参茶が 好
　　　きです。
　 ⑨ 銀行は あまり 遠く なかったです。
　 ⑩ 今週の 土曜日は 休みじゃなかったですが、来
　　　週の 土曜日は 休みです。

(2nd EDITION)

**단계별로 쉽게 익히는 3 Step 일본어 1**

지은이 한선희, 이이호시 카즈야, 오가와 야스코
펴낸이 정규도
펴낸곳 (주)다락원

초판 1쇄 발행 2009년 3월 2일
2판 1쇄 발행 2022년 2월 25일
2판 3쇄 발행 2024년 9월 25일

책임편집 임혜련, 송화록
디자인 장미연, 최영란
일러스트 야하타 에미코

**다락원** 경기도 파주시 문발로 211
내용문의: (02)736-2031 내선 460~465
구입문의: (02)736-2031 내선 250~252
Fax: (02)732-2037
출판등록 1977년 9월 16일 제406-2008-000007호

ISBN  978-89-277-1261-9 14730
       978-89-277-1260-2 (세트)

http://www.darakwon.co.kr

• 다락원 홈페이지를 방문하거나 표지의 QR코드를 스캔하면 MP3 파일 및
  관련자료를 다운로드 할 수 있습니다.

2nd
EDITION

# 단계별로 쉽게 익히는

# 3 STEP 일본어

한선희 · 이이호시 카즈야 · 오가와 야스코 공저

# 가나 쓰기장

다락원

단계별로
쉽게
익히는

# 3 STEP 일본어

한선희·이이호시 카즈야·오가와 야스코 공저

## 가나 쓰기장

다락원

# ① 청음

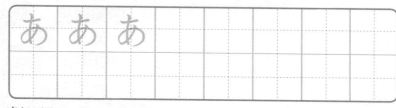

あい 사랑

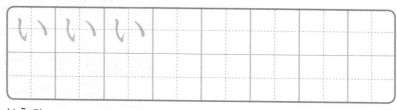

いえ 집

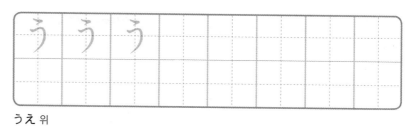

うえ 위

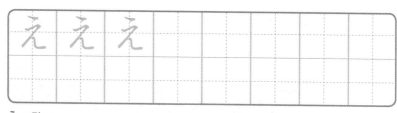

え 그림

あおい 파랗다

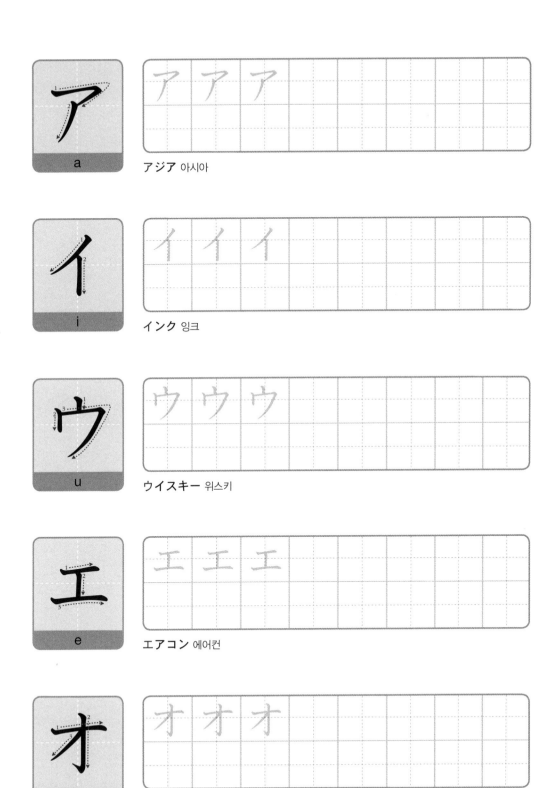

**ア** a
アジア 아시아

**イ** i
インク 잉크

**ウ** u
ウイスキー 위스키

**エ** e
エアコン 에어컨

**オ** o
オレンジ 오렌지

 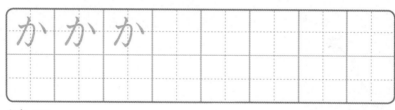

ka

かお 얼굴

 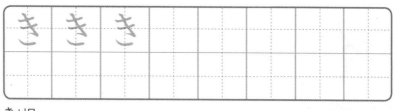

ki

き 나무

 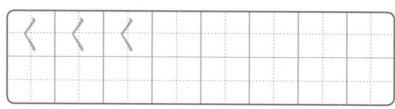

ku

きく 국화

 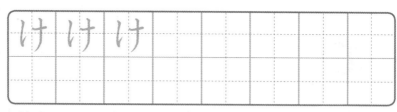

ke

いけ 연못

 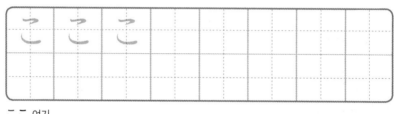

ko

ここ 여기

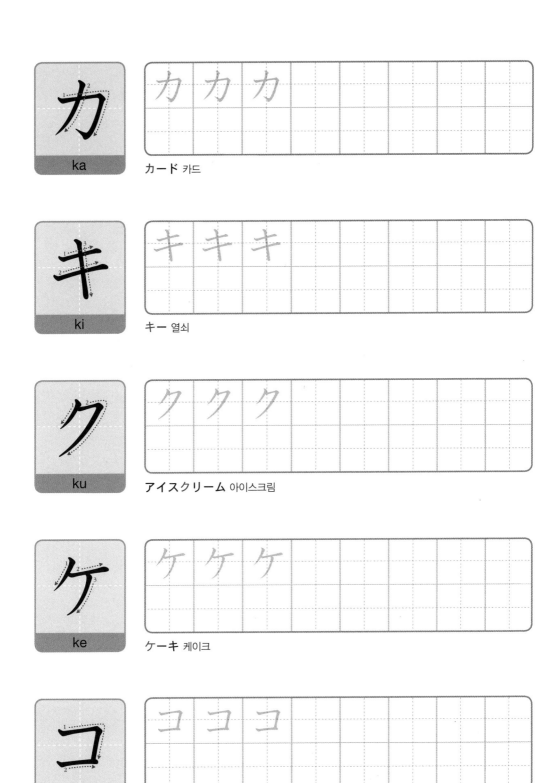

**カ** ka

カード 카드

**キ** ki

キー 열쇠

**ク** ku

アイスクリーム 아이스크림

**ケ** ke

ケーキ 케이크

**コ** ko

コイン 코인

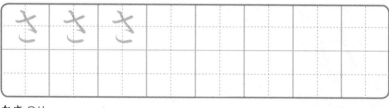

かさ 우산

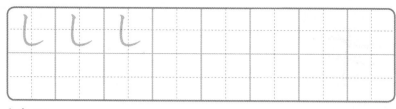

しか 사슴

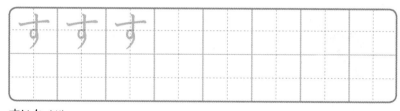

すいか 수박

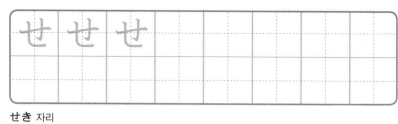

せき 자리

そこ 바닥

sa

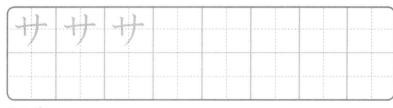

サラダ 샐러드

shi

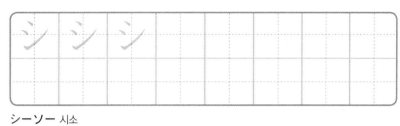

シーソー 시소

su

ステーキ 스테이크

se

セーター 스웨터

ソ

so

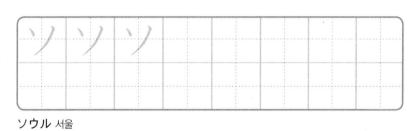

ソウル 서울

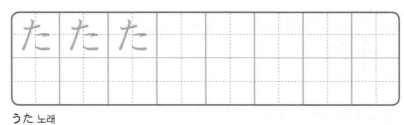

うた 노래

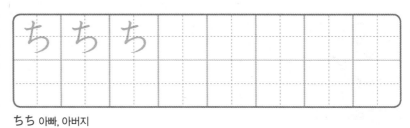

ちち 아빠, 아버지

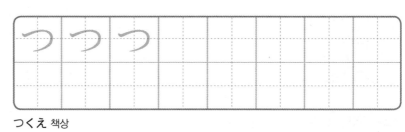

つくえ 책상

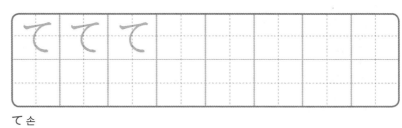

て 손

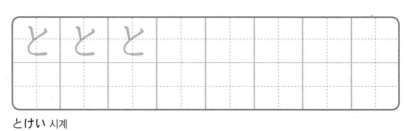

とけい 시계

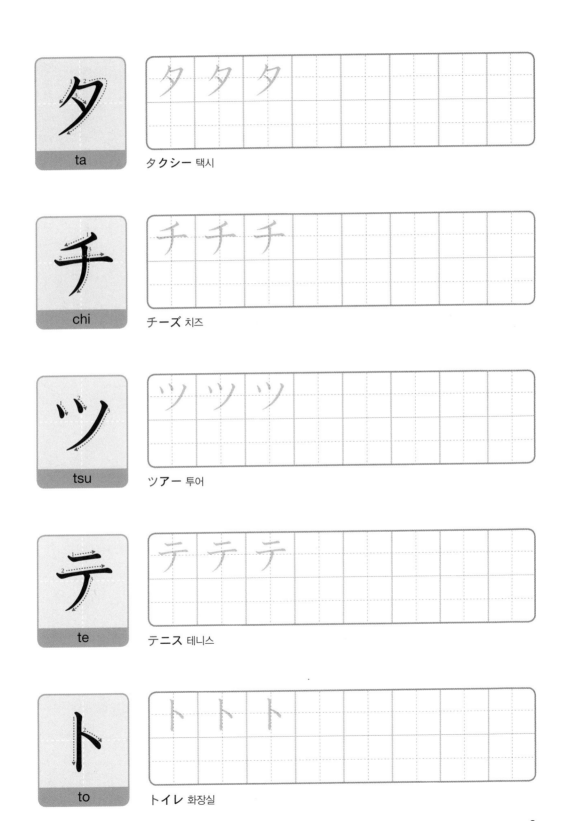

**タ** ta

タクシー 택시

**チ** chi

チーズ 치즈

**ツ** tsu

ツアー 투어

**テ** te

テニス 테니스

**ト** to

トイレ 화장실

 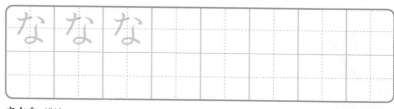

さかな 생선

 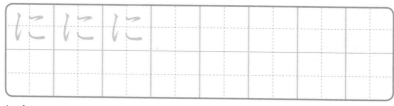

にく 고기

 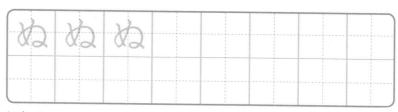

いぬ 개

ねこ 고양이

 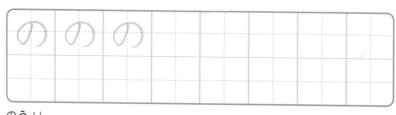

のう 뇌

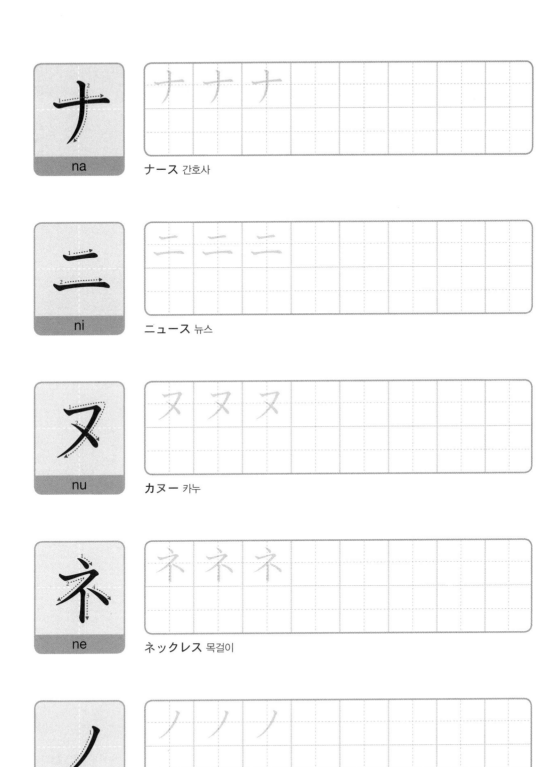

**ナ** na

ナース 간호사

**ニ** ni

ニュース 뉴스

**ヌ** nu

カヌー 카누

**ネ** ne

ネックレス 목걸이

**ノ** no

ノック 노크

ha

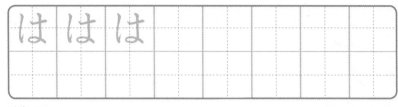

はな 꽃

hi

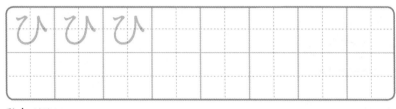

ひと 사람

fu

ふね 배

he

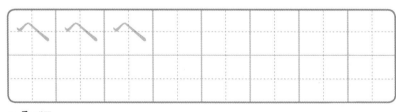

へそ 배꼽

ho

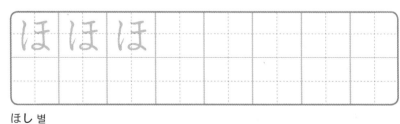

ほし 별

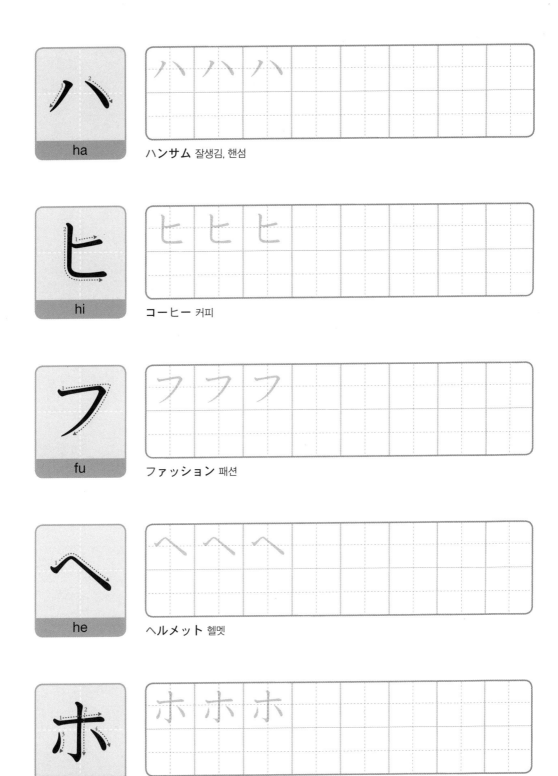

**ハ** ha

ハンサム 잘생김, 핸섬

**ヒ** hi

コーヒー 커피

**フ** fu

ファッション 패션

**ヘ** he

ヘルメット 헬멧

**ホ** ho

ホテル 호텔

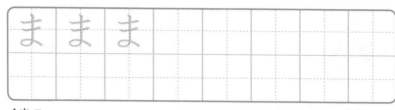

ma

くま 곰

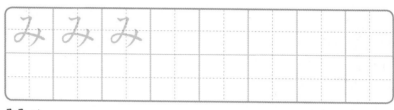

mi

みみ 귀

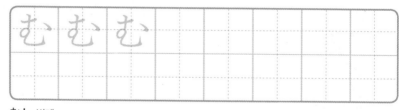

mu

むし 벌레

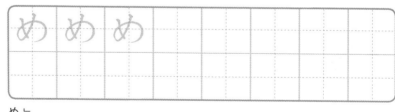

me

め 눈

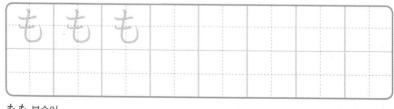

mo

もも 복숭아

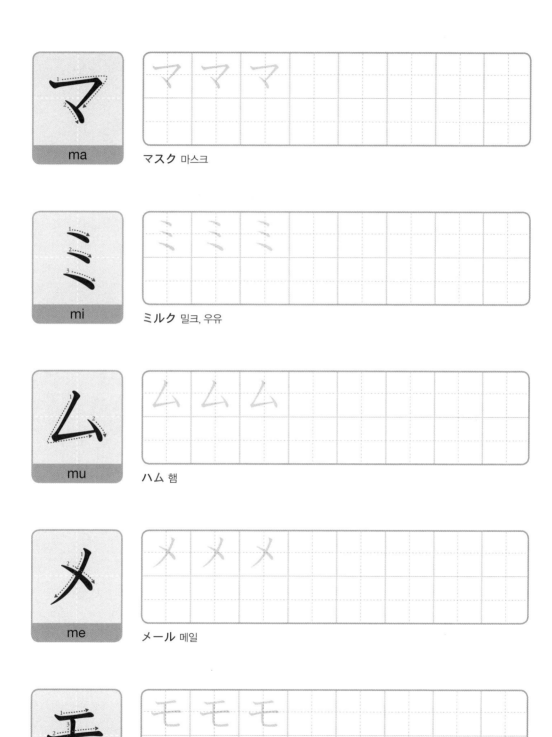

**マ** ma

マスク 마스크

**ミ** mi

ミルク 밀크, 우유

**ム** mu

ハム 햄

**メ** me

メール 메일

**モ** mo

メモ 메모

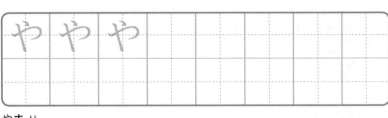

やま 산

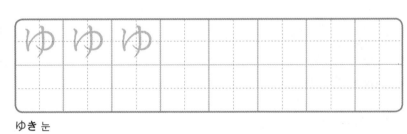

ゆき 눈

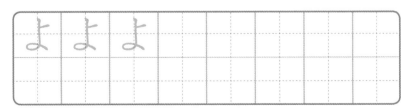

ひよこ 병아리

**ya**

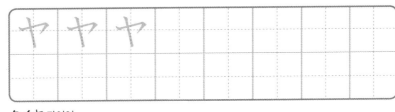

**タイヤ** 타이어

**yu**

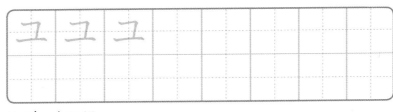

**ユニホーム** 유니폼

**yo**

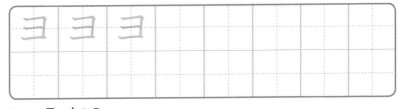

**ニューヨーク** 뉴욕

 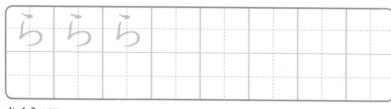

さくら 벚꽃

 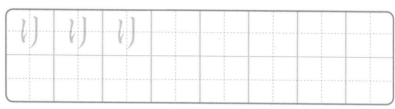

りす 다람쥐

 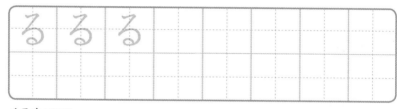

くるま 자동차

 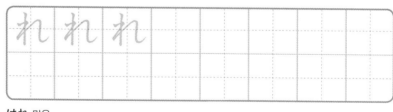

はれ 맑음

 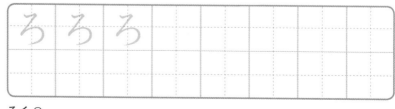

ろく 육

 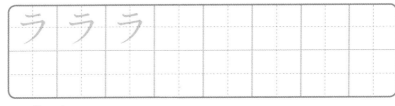

**コーラ** 콜라

 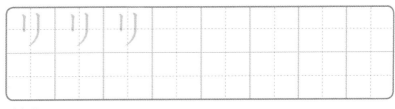

**イタリア** 이탈리아

 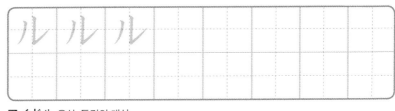

**アイドル** 우상, 동경의 대상

 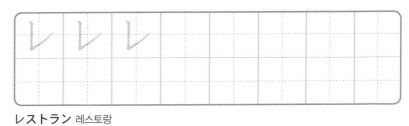

**レストラン** 레스토랑

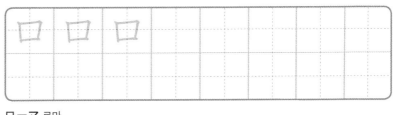

**ローマ** 로마

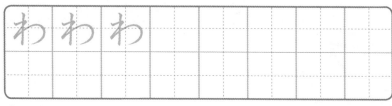

わに 악어

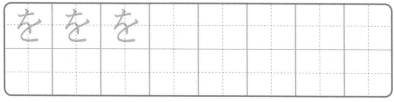

くすりをのむ 약을 먹다

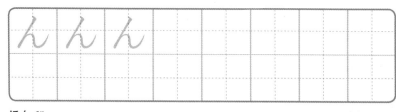

ほん 책

wa

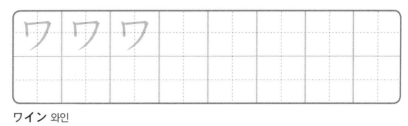

ワイン 와인

o

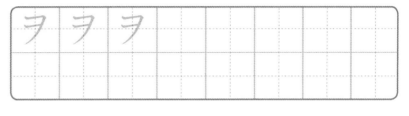

N

ペイント 페인트

ga

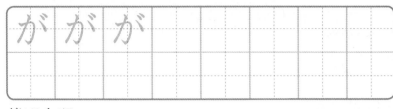

がいこく 외국

gi

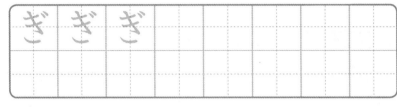

かぎ 열쇠

gu

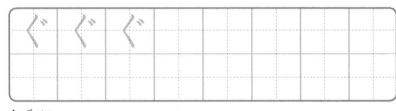

かぐ 가구

ge

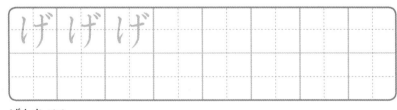

げんき 건강

go

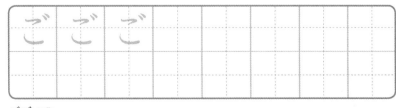

ごご 오후

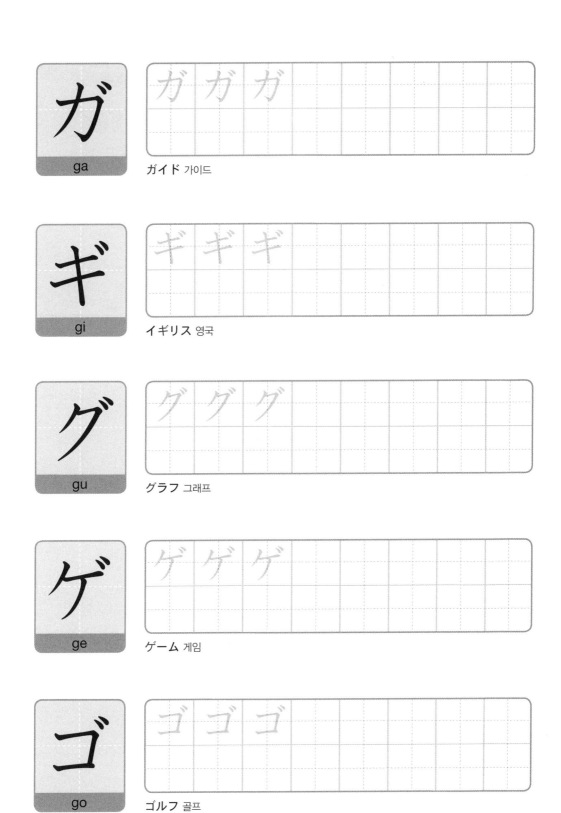

**ガ** ga — ガ ガ ガ

ガイド 가이드

**ギ** gi — ギ ギ ギ

イギリス 영국

**グ** gu — グ グ グ

グラフ 그래프

**ゲ** ge — ゲ ゲ ゲ

ゲーム 게임

**ゴ** go — ゴ ゴ ゴ

ゴルフ 골프

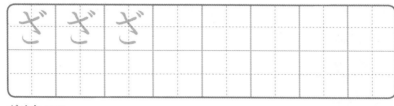

ざせき 좌석

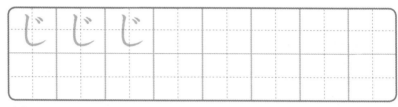

じかん 시간

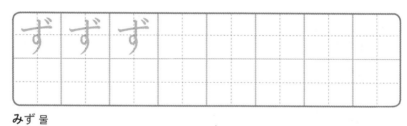

みず 물

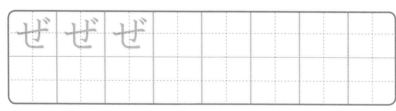

かぜ 감기·바람

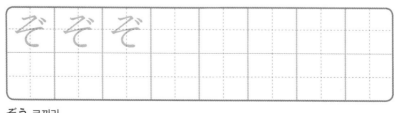

ぞう 코끼리

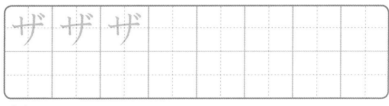

デザイン 디자인

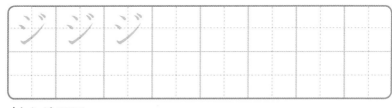

オレンジ 오렌지

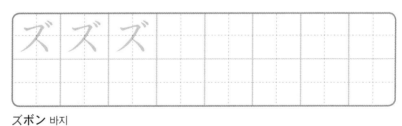

ズボン 바지

ゼ

ze

ゼリー 젤리

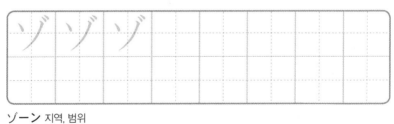

ゾーン 지역, 범위

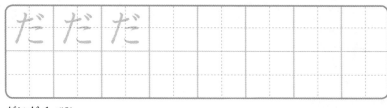

だいがく 대학

はなぢ 코피

こづつみ 소포

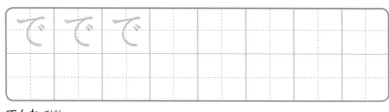

でんわ 전화

こども 아이

**ダ** da

ダ ダ ダ

ダイエット 다이어트

**ヂ** ji

ヂ ヂ ヂ

**ヅ** zu

ヅ ヅ ヅ

**デ** de

デ デ デ

モデル 모델

**ド** do

ド ド ド

ドラマ 드라마

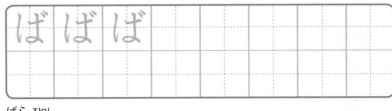

**ba**

ばら 장미

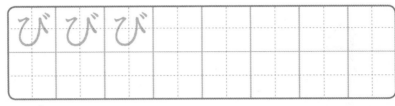

**bi**

はなび 불꽃놀이

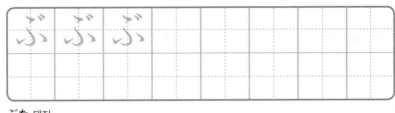

**bu**

ぶた 돼지

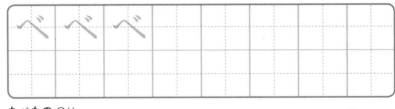

**be**

たべもの 음식

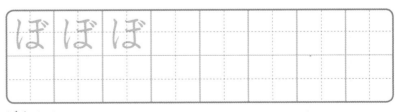

**bo**

ぼく 나, 저

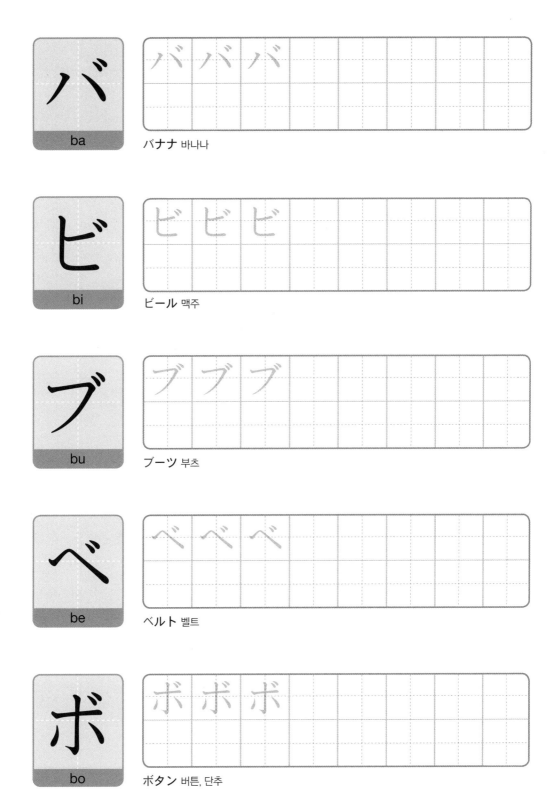

**バ** ba
バナナ 바나나

**ビ** bi
ビール 맥주

**ブ** bu
ブーツ 부츠

**ベ** be
ベルト 벨트

**ボ** bo
ボタン 버튼, 단추

# ❸ 반탁음

pa

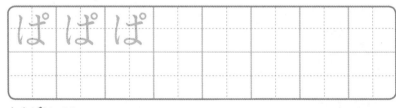

かんぱい 건배

pi

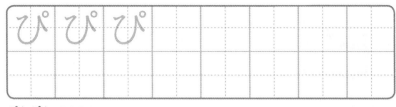

ぴかぴか 번쩍번쩍

pu

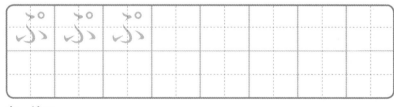

きっぷ 표

pe

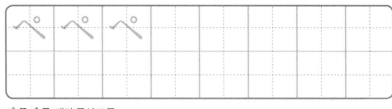

ぺこぺこ 배가 몹시 고픔

po

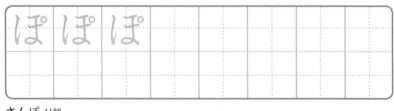

さんぽ 산책

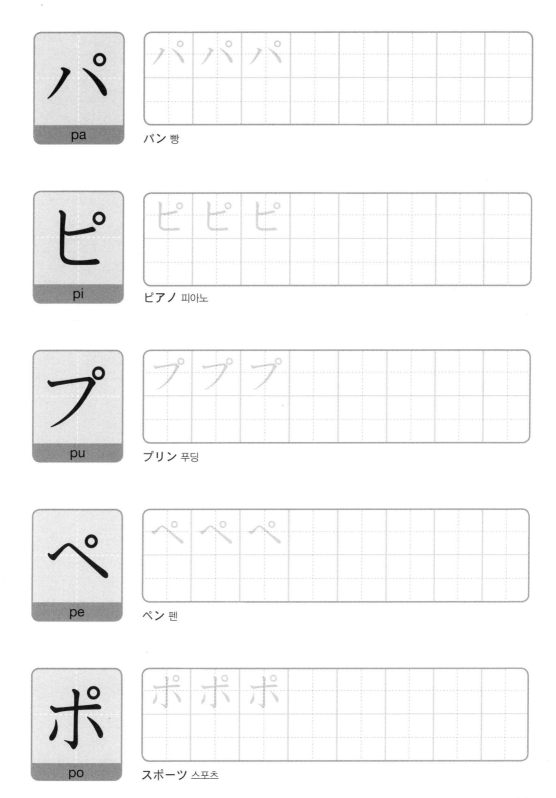

| パ | パ パ パ |
|---|---|
| pa | |

パン 빵

| ピ | ピ ピ ピ |
|---|---|
| pi | |

ピアノ 피아노

| プ | プ プ プ |
|---|---|
| pu | |

プリン 푸딩

| ペ | ペ ペ ペ |
|---|---|
| pe | |

ペン 펜

| ポ | ポ ポ ポ |
|---|---|
| po | |

スポーツ 스포츠

# ❹ 요음

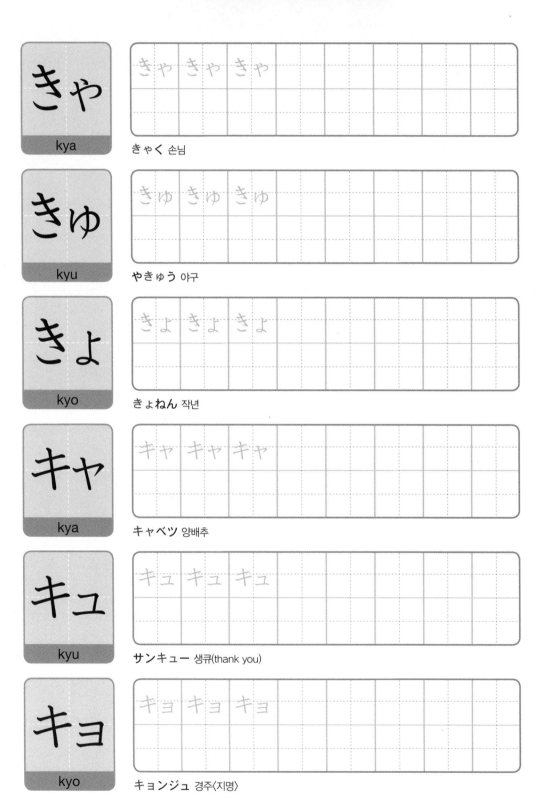

| きゃ kya | きゃ きゃ きゃ |
| きゅ kyu | きゅ きゅ きゅ |

きゃく 손님

きゅ kyu

やきゅう 야구

きょ kyo

きょねん 작년

キャ kya

キャベツ 양배추

キュ kyu

サンキュー 생큐(thank you)

キョ kyo

キョンジュ 경주〈지명〉

**ぎゃ** gya

ぎゃ ぎゃ ぎゃ

ぎゃく 반대

**ぎゅ** gyu

ぎゅ ぎゅ ぎゅ

ぎゅうにく 소고기

**ぎょ** gyo

ぎょ ぎょ ぎょ

きんぎょ 금붕어

**ギャ** gya

ギャ ギャ ギャ

ギャグ 개그

**ギュ** gyu

ギュ ギュ ギュ

フィギュア 피규어, 모형 장난감

**ギョ** gyo

ギョ ギョ ギョ

ギョーザ 중국식 만두

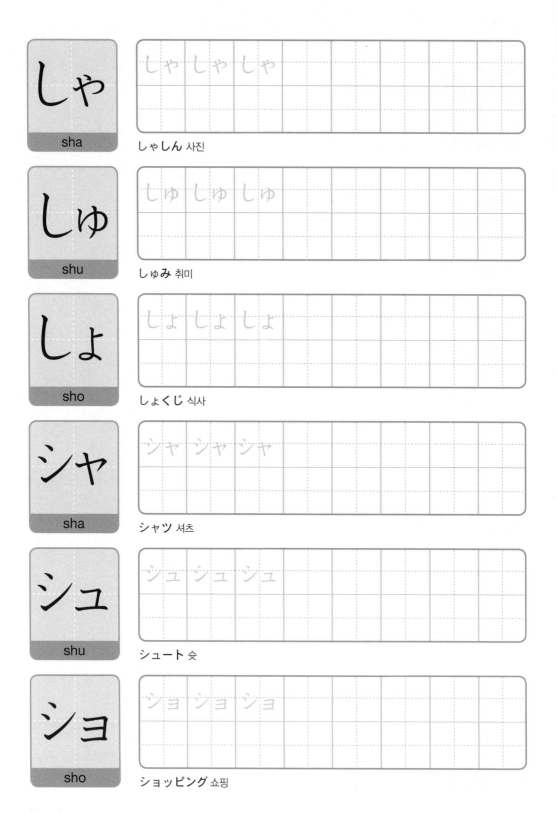

| しゃ | しゃ しゃ しゃ | |
| --- | --- | --- |
| **sha** | | |

しゃしん 사진

| しゅ | しゅ しゅ しゅ | |
| --- | --- | --- |
| **shu** | | |

しゅみ 취미

| しょ | しょ しょ しょ | |
| --- | --- | --- |
| **sho** | | |

しょくじ 식사

| シャ | シャ シャ シャ | |
| --- | --- | --- |
| **sha** | | |

シャツ 셔츠

| シュ | シュ シュ シュ | |
| --- | --- | --- |
| **shu** | | |

シュート 슛

| ショ | ショ ショ ショ | |
| --- | --- | --- |
| **sho** | | |

ショッピング 쇼핑

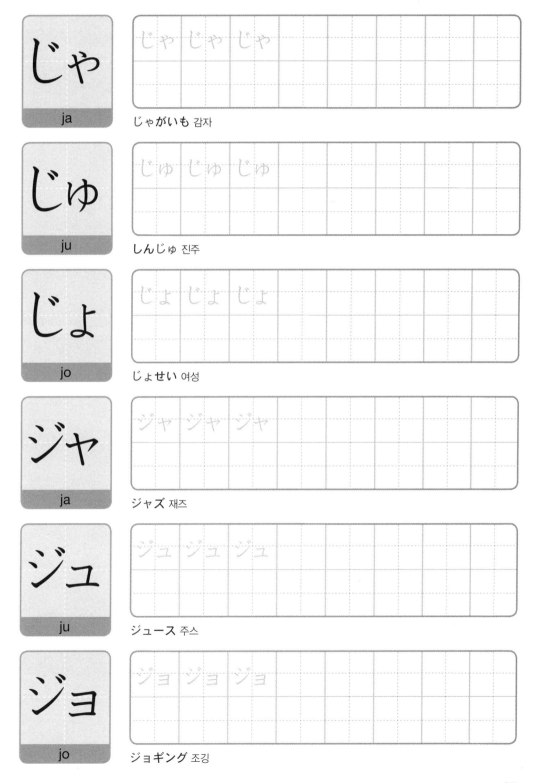

じゃ
ja
じゃ じゃ じゃ
じゃがいも 감자

じゅ
ju
じゅ じゅ じゅ
しんじゅ 진주

じょ
jo
じょ じょ じょ
じょせい 여성

ジャ
ja
ジャ ジャ ジャ
ジャズ 재즈

ジュ
ju
ジュ ジュ ジュ
ジュース 주스

ジョ
jo
ジョ ジョ ジョ
ジョギング 조깅

**ちゃ** cha

ちゃ ちゃ ちゃ

おちゃ 녹차

**ちゅ** chu

ちゅ ちゅ ちゅ

ちゅうい 주의

**ちょ** cho

ちょ ちょ ちょ

ちょきん 저금

**チャ** cha

チャ チャ チャ

チャーハン 볶음밥

**チュ** chu

チュ チュ チュ

チューリップ 튤립

**チョ** cho

チョ チョ チョ

チョコレート 초콜릿

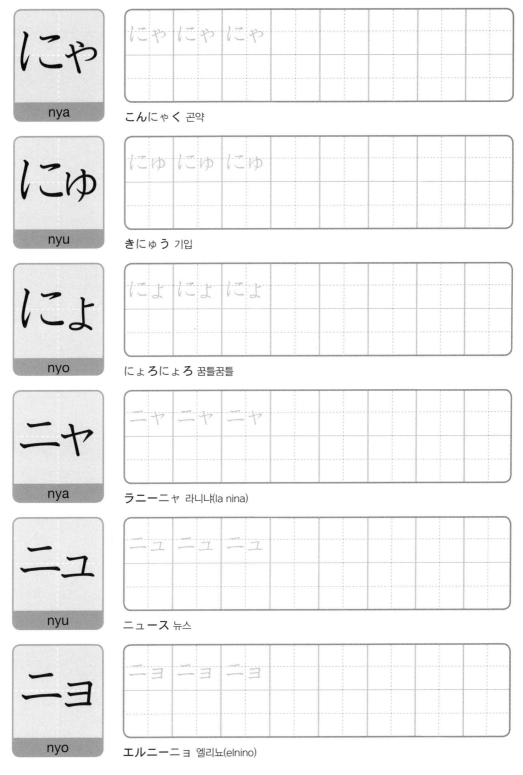

にゃ
nya

にゃ にゃ にゃ

こんにゃく 곤약

にゅ
nyu

にゅ にゅ にゅ

きにゅう 기입

にょ
nyo

にょ にょ にょ

にょろにょろ 꿈틀꿈틀

ニャ
nya

ニャ ニャ ニャ

ラニーニャ 라니냐(la nina)

ニュ
nyu

ニュ ニュ ニュ

ニュース 뉴스

ニョ
nyo

ニョ ニョ ニョ

エルニーニョ 엘리뇨(elnino)

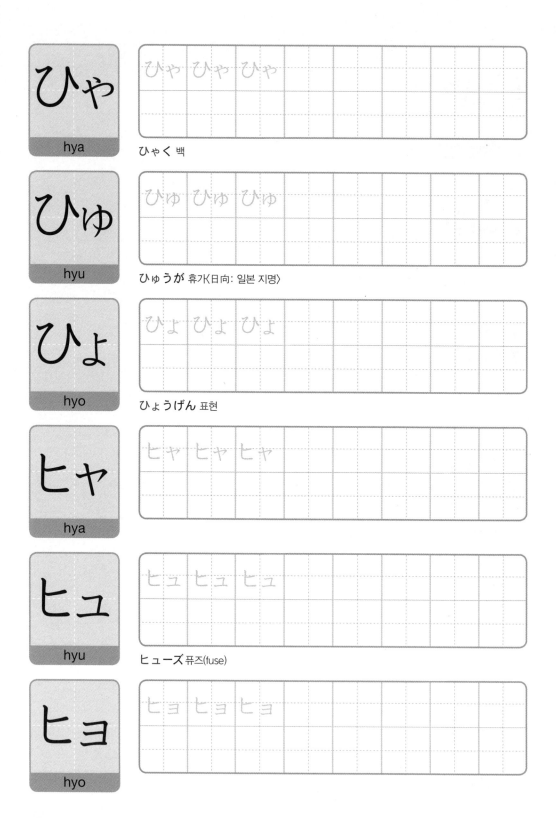

| ひゃ<br>hya | ひゃ ひゃ ひゃ |
|---|---|

ひゃく 백

| ひゅ<br>hyu | ひゅ ひゅ ひゅ |
|---|---|

ひゅうが 휴가〈日向: 일본 지명〉

| ひょ<br>hyo | ひょ ひょ ひょ |
|---|---|

ひょうげん 표현

| ヒャ<br>hya | ヒャ ヒャ ヒャ |
|---|---|

| ヒュ<br>hyu | ヒュ ヒュ ヒュ |
|---|---|

ヒューズ 퓨즈(fuse)

| ヒョ<br>hyo | ヒョ ヒョ ヒョ |
|---|---|

| びゃ bya | びゃ びゃ びゃ |
| さんびゃく 삼백 | |
| びゅ byu | びゅ びゅ びゅ |
| びょ byo | びょ びょ びょ |
| びょういん 병원 | |
| ビャ bya | ビャ ビャ ビャ |
| ビュ byu | ビュ ビュ ビュ |
| インタビュー 인터뷰 | |
| ビョ byo | ビョ ビョ ビョ |

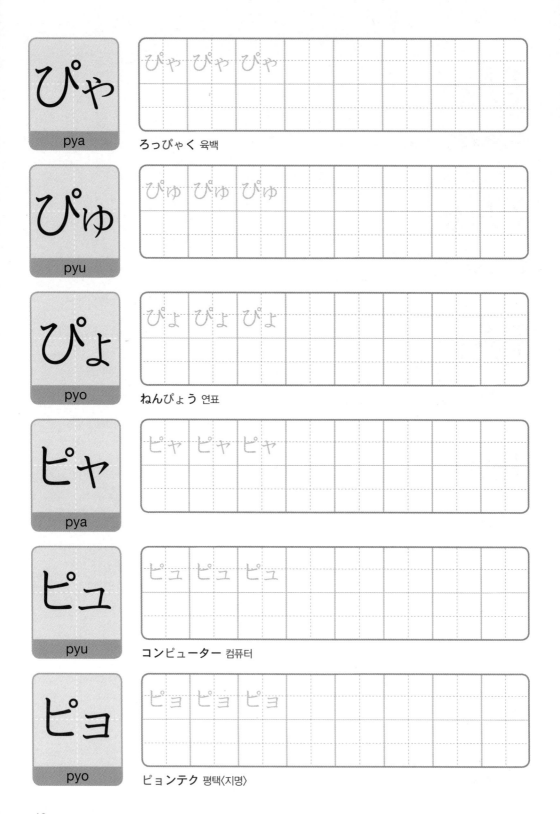

**ぴゃ** pya

ぴゃ ぴゃ ぴゃ

ろっぴゃく 육백

**ぴゅ** pyu

ぴゅ ぴゅ ぴゅ

**ぴょ** pyo

ぴょ ぴょ ぴょ

ねんぴょう 연표

**ピャ** pya

ピャ ピャ ピャ

**ピュ** pyu

ピュ ピュ ピュ

コンピューター 컴퓨터

**ピョ** pyo

ピョ ピョ ピョ

ピョンテク 평택〈지명〉

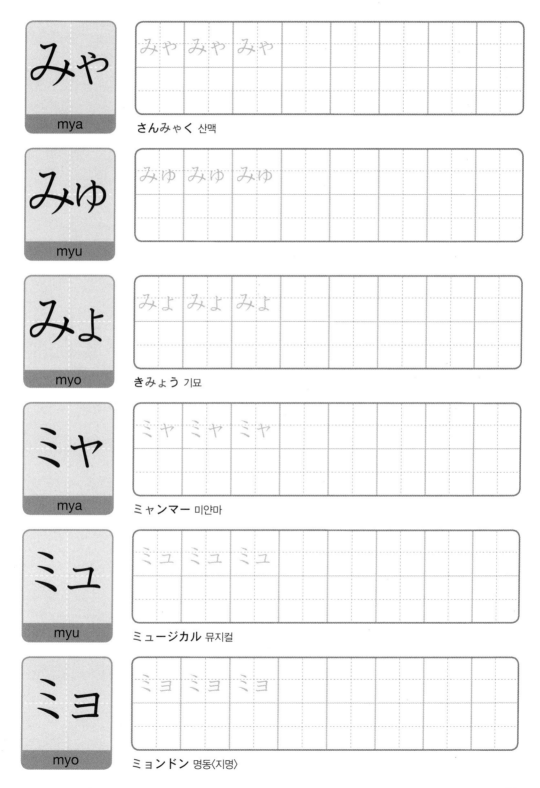

| | |
|---|---|
| みゃ<br>mya | みゃ みゃ みゃ |

さんみゃく 산맥

| | |
|---|---|
| みゅ<br>myu | みゅ みゅ みゅ |

きみょう 기묘

| | |
|---|---|
| みょ<br>myo | みょ みょ みょ |

きみょう 기묘

| | |
|---|---|
| ミャ<br>mya | ミャ ミャ ミャ |

ミャンマー 미얀마

| | |
|---|---|
| ミュ<br>myu | ミュ ミュ ミュ |

ミュージカル 뮤지컬

| | |
|---|---|
| ミョ<br>myo | ミョ ミョ ミョ |

ミョンドン 명동〈지명〉

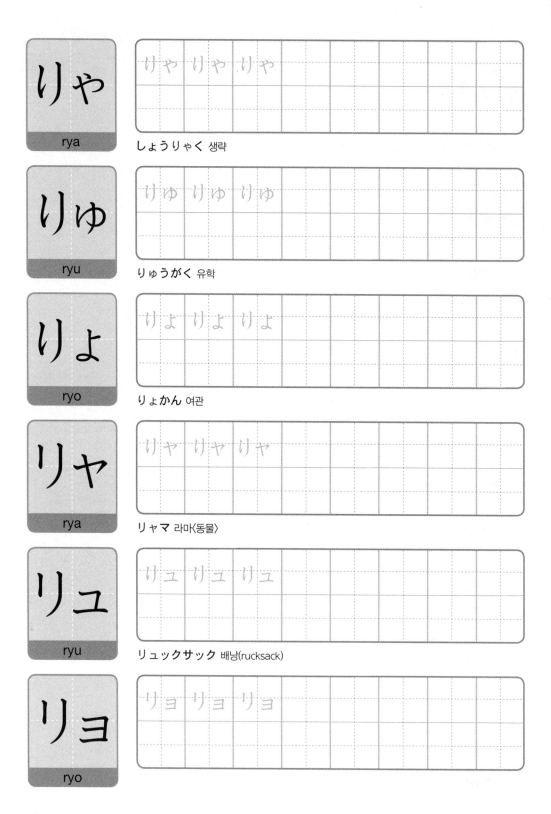

| | |
|---|---|
| りゃ<br>rya | りゃ りゃ りゃ |

しょうりゃく 생략

| | |
|---|---|
| りゅ<br>ryu | りゅ りゅ りゅ |

りゅうがく 유학

| | |
|---|---|
| りょ<br>ryo | りょ りょ りょ |

りょかん 여관

| | |
|---|---|
| リャ<br>rya | リャ リャ リャ |

リャマ 라마〈동물〉

| | |
|---|---|
| リュ<br>ryu | リュ リュ リュ |

リュックサック 배낭(rucksack)

| | |
|---|---|
| リョ<br>ryo | リョ リョ リョ |

あ

お

い

り

め

ぬ

し

も

き

さ

は

ほ

| わ | | | | | | |
| ね | | | | | | |
| う | | | | | | |
| つ | | | | | | |
| え | | | | | | |
| ふ | | | | | | |
| れ | | | | | | |
| わ | | | | | | |
| る | | | | | | |
| ろ | | | | | | |
| な | | | | | | |
| た | | | | | | |

| ア | | | | | |
|---|---|---|---|---|---|

| マ | | | | | |
|---|---|---|---|---|---|

| フ | | | | | |
|---|---|---|---|---|---|

| ス | | | | | |
|---|---|---|---|---|---|

| ウ | | | | | |
|---|---|---|---|---|---|

| ク | | | | | |
|---|---|---|---|---|---|

| ヤ | | | | | |
|---|---|---|---|---|---|

| マ | | | | | |
|---|---|---|---|---|---|

| エ | | | | | |
|---|---|---|---|---|---|

| テ | | | | | |
|---|---|---|---|---|---|

| ン | | | | | |
|---|---|---|---|---|---|

| ソ | | | | | |
|---|---|---|---|---|---|

ワ

ク

ユ

ヨ

ツ

シ

チ

テ

ナ

オ

ル

リ

**발음이 중요한 단어**

촉음

| きて 와 | | | |
|---|---|---|---|
| きって 우표 | | | |
| ねこ 고양이 | | | |
| ねっこ 뿌리 | | | |
| おと 소리 | | | |
| おっと 남편 | | | |
| がか 화가 | | | |
| がっか 학과 | | | |
| まくら 베개 | | | |
| まっくら 암흑 | | | |
| かた 어깨 | | | |
| かった 샀다 | | | |

| いしゃ<br>의사 | | | |
|---|---|---|---|
| いしや<br>석재 가게 | | | |
| びょういん<br>병원 | | | |
| びよういん<br>미장원 | | | |
| いえ<br>집 | | | |
| いいえ<br>아니요 | | | |
| すき<br>좋아함 | | | |
| スキー<br>스키 | | | |
| ちず<br>지도 | | | |
| チーズ<br>치즈 | | | |
| ビル<br>빌딩 | | | |
| ビール<br>맥주 | | | |